CURT LUTZ LÄSSIG

Fehlerhafte Rechtsmittelzulassung
und ihre Verbindlichkeit für das Rechtsmittelgericht

Schriften zum Prozessrecht

Band 42

Die fehlerhafte Rechtsmittelzulassung und ihre Verbindlichkeit für das Rechtsmittelgericht

Von

Dr. Curt Lutz Lässig

DUNCKER & HUMBLOT / BERLIN

Alle Rechte vorbehalten
© 1976 Duncker & Humblot, Berlin 41
Gedruckt 1976 bei Buchdruckerei Bruno Luck, Berlin 65
Printed in Germany
ISBN 3 428 03535 6

Vorwort

Die vorliegende Arbeit ist aus meiner Dissertation hervorgegangen, die im Wintersemester 1974/75 vom Fachbereich Rechtswissenschaft der Universität Hamburg angenommen wurde. Gesetzgebung, Rechtsprechung und Schrifttum konnten bis Mai 1975 berücksichtigt werden.

Herrn Professor Dr. *Karl August Bettermann*, der die Arbeit betreut und durch wertvolle Anregungen gefördert hat, möchte ich auch an dieser Stelle meinen aufrichtigen Dank sagen. Mein Dank gilt auch Herrn Ministerialrat a. D. Dr. *J. Broermann* für die Aufnahme der Arbeit in sein Verlagsprogramm.

Bielefeld, im Oktober 1975 *Curt Lutz Lässig*

Inhaltsübersicht

§ 1. Das Prinzip richterlicher Rechtsmittelzulassung

1. Geschichtliche Entwicklung des Zulassungsprinzips 11
2. Verbreitung im geltenden Recht 13
3. Allgemeine Bedeutung des Zulassungsprinzips 14
4. Der Zweck richterlicher Rechtsmittelzulassung 15
5. Begrenzung und Ziel der folgenden Untersuchung 17

§ 2. Die Bindung des judex ad quem an die Rechtsmittelzulassung des judex a quo

1. Bindung an die Zulassung als Widerspruchsverbot, Unwiderruflichkeit und Unabänderlichkeit der Zulassung 18
2. Der Grundsatz der Bindung an die Zulassung 19
   - a) Ableitung der Bindung aus den gesetzlichen Vorschriften 19
     - aa) In der Regel keine ausdrückliche gesetzliche Anordnung der Bindung 19
     - bb) Die Tatbestandswirkung der Zulassung 20
     - cc) Trennung zwischen Zulassungsvoraussetzungen und Zulassungswirkung 21
   - b) Ableitung der Bindung aus der Unanfechtbarkeit der Zulassung 23
   - c) Regelung im Entwurf des Revisionsänderungsgesetzes ... 24
3. Die Erheblichkeit der Zulassung für den judex ad quem 25
4. Bindung nur bei wirksamer Rechtsmittelzulassung 26

§ 3. Die Zulässigkeit der Rechtsmittelzulassung

A. *Die materiell-rechtlichen Zulässigkeitsvoraussetzungen* 29

   I. Zulassungsfähige Entscheidungen 29
   1. Bei Revision und Rechtsbeschwerde 29
   2. Bei Berufung, weiterer Beschwerde und Revisionsbeschwerde 32

   II. Erheblichkeit der Zulassung als Zulässigkeitsvoraussetzung? .. 32

Inhaltsübersicht

III. Die gesetzlichen Zulassungsgründe	33
1. Die Zulassung wegen grundsätzlicher Bedeutung	33
a) Rechts*sache* oder Rechts*frage*?	33
b) Rechtsgebundenheit oder Ermessen des judex a quo?	36
c) Verschiedenes Maß an grundsätzlicher Bedeutung	38
d) Grundsätzliche Bedeutung als allgemeine Bedeutung	39
aa) „Allgemeine Bedeutung" bei der Zulassung von Revision, Rechtsbeschwerde und weiterer Beschwerde	40
bb) „Allgemeine Bedeutung" bei der Berufungszulassung	41
e) Grundsätzliche Bedeutung und Musterprozeß	42
2. Die Zulassung wegen Divergenz	43
a) Ihr Verhältnis zur Zulassung wegen grundsätzlicher Bedeutung	43
b) Die Voraussetzungen der Divergenzzulassung	46
aa) Die Divergenzentscheidung	46
bb) Die Divergenz in (bei) und von einer Entscheidung	47
3. Die Zulassung wegen eines geltend gemachten Verfahrensmangels	49
a) Praktische Bedeutung dieses Zulassungsgrundes	49
b) Die Zulassungsvoraussetzungen im einzelnen	49
4. Besondere Zulassungsgründe	50
IV. Zulassungsfähige Rechtsfragen	51
1. Entscheidungserhebliche Rechtsfragen	51
2. Klärungsfähige Rechtsfragen	52
3. Klärungsbedürftige Rechtsfragen	53
V. Qualitative und quantitative Beschränkungen der Zulassung	54
1. Die qualitativen Beschränkungen der Zulassung	54
a) Unzulässigkeit der auf eine Rechtsfrage beschränkten Zulassung	54
b) Zulässigkeit der auf einen Klagegrund beschränkten Zulassung	55
2. Zulässigkeit quantitativer Beschränkungen	57
B. Die *verfahrensrechtlichen (formellen) Zulässigkeitsvoraussetzungen*	59
1. Rechtsmittelzulassung und Entscheidung in der Hauptsache	59
2. Der Ausspruch der Zulassung	60
3. Berichtigung und Ergänzung der Entscheidung hinsichtlich der Zulassung	63
a) Die Berichtigung hinsichtlich der Zulassung	63
b) Unzulässigkeit der Ergänzung	66
4. Keine Begründungspflicht des judex a quo	69

§ 4. Die Voraussetzungen für die Wirkungslosigkeit fehlerhafter Rechtsmittelzulassungen

I. Die Folgen fehlerhafter Rechtsmittelzulassungen 70

   1. Wirksamkeit und Unwirksamkeit 70

   2. Gültigkeit wegen Richterspruchqualität? 71

   3. Keine gesetzliche Regelung der Wirkungslosigkeit 72

II. Die maßgeblichen Kriterien für die Wirkungslosigkeit fehlerhafter Rechtsmittelzulassungen 73

   1. Sinn und Zweck des Prinzips richterlicher Rechtsmittelzulassung 73

   2. Die Grundsätze der Rechtsmittelklarheit und Rechtsmittelsicherheit 79

      a) Nichtigkeit bei Offensichtlichkeit des Fehlers? 81

      b) Art und Schwere des Fehlers als entscheidende Nichtigkeitsvoraussetzungen 83

      c) Die Rolle der Begründung 84

§ 5. Die einzelnen Zulassungsfehler und ihre Folgen

I. Wirkungslosigkeit von Zulassungen in zulassungsunfähigen Entscheidungen 86

II. Wirksamkeit von Zulassungen bei fehlerhafter Beurteilung der Zulassungsgründe 92

   1. Die Rechtsmittelzulassung wegen grundsätzlicher Bedeutung 92

   2. Die Rechtsmittelzulassung wegen Divergenz 95

      a) Regelmäßig: Wirksamkeit fehlerhafter Divergenzzulassungen 95

      b) Ausnahme: Abweichung von divergenzunfähigen Entscheidungen 101

      c) Keine Konversion wirkungsloser Divergenzzulassungen .. 102

   3. Die übrigen Zulassungsgründe 103

III. Wirkungslosigkeit gesetzloser Zulassungen 103

IV. Wirksamkeit von Zulassungen bei zulassungsunfähigen Rechtsfragen 105

   1. Mangelnde Entscheidungserheblichkeit der Rechtsfragen ... 105

   2. Klärungsunfähige Rechtsfragen 106

   3. Nicht klärungsbedürftige Rechtsfragen 107

V. Folgen unzulässiger Beschränkungen der Zulassung	108
1. Qualitative Beschränkungen	108
a) Beschränkung auf eine Rechtsfrage	108
b) Beschränkung auf einen nicht entscheidungserheblichen Klagegrund	110
2. Folgen fehlerhafter quantitativer Beschränkung	110
IV. Folgen formell fehlerhafter Zulassungen	111
1. Fehlerhafte Beschlußfassung und fehlerhafte Verlautbarung der Zulassung	111
2. Folgen unzulässiger Berichtigung und Ergänzung	113
Literaturverzeichnis	115

§ 1. Das Prinzip richterlicher Rechtsmittelzulassung

1. Geschichtliche Entwicklung des Zulassungsprinzips

Im Jahre 1924 fand das Prinzip richterlicher Rechtsmittelzulassung, das die Statthaftigkeit eines Rechtsmittels von einer Zulassung des judex a quo abhängig macht, erstmals Eingang in das deutsche Verfahrensrecht. Damals konnte niemand ahnen, welche Entwicklung im deutschen Rechtsmittelrecht damit eingeleitet wurde, welche praktische Bedeutung dieses Prinzip einmal erlangen sollte, aber auch welche Probleme und Schwierigkeiten es noch bereiten würde.

Die Rechtsmittelzulassung durch den judex a quo, zunächst durch die Verordnung zur Entlastung des Reichsgerichts vom 15. Januar 1924[1] auf die Revision in Ehesachen beschränkt und zeitlich befristet[2], fand schnell Verbreitung[3]. Nachdem das Zulassungsprinzip in das Arbeitsgerichtsgesetz von 1926[4] aufgenommen wurde, und zwar für Berufung und Revision in den „Urteilssachen"[5], war sein Vordringen nicht mehr aufzuhalten. Durch die Verordnung des Reichspräsidenten zur Sicherung von Wirtschaft und Finanzen vom 1. Dezember 1930[6] wurde es in das steuerliche Rechtsmittelverfahren eingeführt[7] und später für einzelne Sachgebiete im Bereich der freiwilligen Gerichtsbarkeit[8]. Die durch die Verordnung von 1924 befristete Zulassungsrevision in Ehesachen wurde durch die Verordnung des Reichspräsidenten über Maßnahmen auf dem Gebiet der Rechtspflege und Verwaltung vom 14. Juni 1932[9] zum Dauerzustand. Die nationalsozialistische Herrschaft brachte

---

[1] RGBl. I, S. 29.
[2] Nach Art. 1 der VO vom 15. Januar 1924 (aaO) bis zum 31. Dezember 1925 befristet.
[3] Über die geschichtliche Entwicklung der richterlichen Rechtsmittelzulassung informieren: *Drescher*, S. 12 ff. (bis 1946); *Feyock*, S. 10 ff.; *Vorndran*, S. 119 f.; *Hanack*, S. 44 f.
[4] Vom 23. Dezember 1926 (RGBl. I, S. 507).
[5] Vgl. §§ 64 Abs. 1, 72 Abs. 1 ArbGG 1926.
[6] RGBl. I, S. 517.
[7] § 265 a RAO idF von Teil 3, Kapitel IV Ziffer 67 der VO vom 1. Dezember 1930; diese Vorschrift wurde als § 286 RAO in die Neufassung der RAO vom 22. Mai 1931 (RGBl. I, S. 161) übernommen.
[8] Vgl. die Aufzählungen bei Drescher, S. 98 ff.
[9] RGBl. I, S. 285.

— neben einigen Vorschriften der Kriegsgesetzgebung[10] — das Zulassungsprinzip erstmals für alle Rechtsmittel der allgemeinen Verwaltungsgerichtsbarkeit[11].

Nach 1945 fand sich das Zulassungsprinzip wieder in Verordnungen und Gesetzen der drei westlichen Besatzungsmächte[12] zur Regelung der Rechtspflege. Hervorzuheben ist § 29 der Durchführungsverordnung zur Militärregierungsverordnung Nr. 98 über die Errichtung eines Obersten Gerichtshofes für die britische Zone vom 17. November 1947[13], wo das Zulassungsprinzip bereits für die Revision in allen nichtvermögensrechtlichen und solchen Streitigkeiten galt, in denen der Wert des Beschwerdegegenstandes 6000 RM nicht überstieg[14].

Nach der Gründung der Bundesrepublik stellte das Gesetz zur Wiederherstellung der Rechtseinheit auf dem Gebiete der Gerichtsverfassung, der bürgerlichen Rechtspflege, des Strafverfahrens und des Kostenrechts (Vereinheitlichungsgesetz) vom 12. September 1950[15] die Weichen für die weitere Entwicklung. Es führte für die Revision in Zivilsachen in Anlehnung an § 29 der erwähnten Militärregierungsverordnung das Zulassungsprinzip in seiner heute noch geltenden Form ein[16]. Das Gesetz über das Bundesverwaltungsgericht[17], das neue Arbeitsgerichtsgesetz[18], das Sozialgerichtsgesetz[19] und schließlich die Verwaltungsgerichtsordnung[20] und die Finanzgerichtsordnung[21] waren weitere wichtige Stationen auf dem Weg zur Durchsetzung des Zulassungsprinzips.

---

[10] Im einzelnen vgl. *Drescher*, S. 117 ff.

[11] Gemäß Art. IV Abs. 2 des Führererlasses über die Vereinfachung der Verwaltung vom 28. August 1939 (RGBl. I, S. 1535); Dazu: *Bettermann*, DVBl. 1956, 11, 12; *Vorndran*, S. 34.

[12] Die Entwicklung in der sowjetischen Besatzungszone und der DDR bleibt im folgenden außer Betracht.

[13] Verordnungsblatt für die britische Zone 1947, S. 149.

[14] Vgl. § 29 Abs. 1 der VO vom 17. November 1947; die Zulassungsgründe enthielt § 29 Abs. 2, der fast wörtlich mit dem geltenden § 546 Abs. 2 ZPO übereinstimmt.

[15] BGBl. I, S. 455.

[16] Vgl. Art. 2 Ziffern 86, 87 des VereinheitlichungsG, dem die §§ 545 Abs. 1, 546 ZPO in ihrer geltenden Fasung entsprechen; lediglich die Beschwerdesumme ist im Laufe der Zeit heraufgesetzt worden.

[17] Vom 23. September 1952 (BGBl. I, S. 625).

[18] Vom 3. September 1953 (BGBl. I, S. 1267).

[19] Vom 3. September 1953 (BGBl. I, S. 1239 mit Berichtigung S. 1326) idF des G zur Änderung des SGG vom 30. Juli 1974 (BGBl. I, S. 1625).

[20] Vom 21. Januar 1960 (BGBl. I, S. 17).

[21] Vom 6. Oktober 1965 (BGBl. I, S. 1477).

2. Verbreitung im geltenden Recht

Im geltenden Recht hat das Zulassungsprinzip seine weiteste Verbreitung der Revision und der Rechtsbeschwerde gefunden. Es findet sich mit Ausnahme des Strafverfahrens[22] in sämtlichen Prozeßordnungen, so in §§ 546 ZPO, 72 Abs. 1 ArbGG, 132 VwGO, 160 SGG, 115 FGO; ferner in zahlreichen Sondervorschriften wie §§ 339 LAG, 38 Abs. 1 Feststellungsgesetz, 39 Abs. 1 Beweissicherungs- und Feststellungsgesetz, 23 Abs. 1 Kriegsgefangenenentschädigungsgesetz, 219 Bundesentschädigungsgesetz, 34 Abs. 2 WehrpflichtG, 75 Abs. 2 ErsatzdienstG, 81 DRiG, 145 BRAO, 127 Abs. 2 PatentAO. Die Sprungrevision kennt das Zulassungsprinzip in § 161 SGG, die Rechtsbeschwerde in §§ 92 ArbGG, 73 GWB, 41 p PatentG, 13 Abs. 5 WZG, 10 Abs. 5 GebrauchsmusterG, 24 LwVG, 79, 80 OWiG.

Es hat ferner bei anderen Rechtsmitteln Eingang gefunden, so bei der Berufung in §§ 64 Abs. 1 ArbGG, 150 Nr. 1 SGG. Für besondere Rechtsgebiete enthält ferner § 131 Abs. 1 VwGO für den Bundesgesetzgeber den Vorbehalt, für die Landesgesetzgeber die Ermächtigung[23], die Berufung von einer Zulassung durch den judex a quo abhängig zu machen, allerdings nur einmal für die Dauer von höchstens 5 Jahren, § 131 Abs. 1 Satz 3 VwGO. Zwei befristete Regelungen dieser Art sind nicht mehr in Kraft[24]. Es gibt aber dennoch bundesgesetzliche Vorschriften, die das Zulassungsprinzip bei der Berufung für besondere Sachgebiete unbefristet eingeführt haben[25], so § 46 BundesleistungsG[26], § 10 des Gesetzes über die unentgeltliche Beförderung von Kriegs- und Wehrdienstbeschädigten sowie von anderen Behinderten im Nahverkehr[27], § 33 des 2. WohngeldG[28].

Schließlich findet sich das Zulassungsprinzip noch bei der weiteren Beschwerde in §§ 14 Abs. 3 Satz 2, 156 Abs. 2 Satz 1, 2 KostenO und der Revisionsbeschwerde in §§ 77 ArbGG, 125 Abs. 2 VwGO.

---

[22] Einschließlich des Verfahrens nach dem JGG.

[23] Über die verschiedene Bedeutung von § 131 Abs. 1 VwGO in bezug auf die verschiedenen Adressaten vgl.: OVG Münster E 24, 268, 269; *Redeker / von Oertzen*, § 131 VwGO, Anm. 1.

[24] § 1 des G über die Beschränkung der Berufung im verwaltungsgerichtlichen Verfahren vom 21. Januar 1960 (BGBl. I, S. 44) u. § 22 des Saarländischen AusführungsG zur VwGO vom 5. Juli 1960 (Amtsbl., S. 558); beide Regelungen sind am 31. März 1965 außer Kraft getreten, § 4 BerufungsbeschränkungsG, § 27 Abs. 2 Saarländ. AGVwGO.

[25] Zu deren Vereinbarkeit mit § 131 Abs. 1 Satz 3 VwGO: OVG Münster E 24, 268, 269 f.; *Maetzel*, DÖV 1965, 314, 315.

[26] Vom 27. September 1961 (BGBl. I, S. 1769).

[27] Vom 27. August 1965 (BGBl. I, S. 978).

[28] Vom 14. Dezember 1970 (BGBl. I, S. 1637).

§ 1. Das Prinzip richterlicher Rechtsmittelzulassung

Die Zulassung des Antrags auf Wiederaufnahme des Verfahrens im Strafprozeß nach 367 StPO, die ebenfalls zu den richterlichen Rechtsmittelzulassungen gezählt wird[29], soll jedoch im folgenden außer Betracht bleiben.

3. Allgemeine Bedeutung des Zulassungsprinzips

An dieser Aufzählung wird deutlich, welche Verbreitung und praktische Bedeutung dieses Rechtsinstitut in so kurzer Zeit erreicht hat. Schnell griff der Gedanke um sich, die Statthaftigkeit eines Rechtsmittels von einer Zulassung durch den judex a quo abhängig zu machen und ergriff eine Verfahrensordnung nach der anderen. Das Zulassungsprinzip ist inzwischen zu einem nicht mehr zu beseitigenden Bestandteil insbesondere unseres Revisionsrechts geworden. Freilich hat es, von einigen weniger bedeutsamen Ausnahmen abgesehen, bei keinem Rechtsmittel ausschließliche Geltung[30]. Die Verfahrensordnungen kennen daneben die Rechtsmittel[31], deren Statthaftigkeit nicht von einer richterlichen Zulassung, sondern vom Vorliegen bestimmter gesetzlicher Voraussetzungen abhängt.

Dadurch wird die Bedeutung des Zulassungsprinzips jedoch keineswegs gemindert. Der Zug der Zeit geht dahin, dieses Prinzip bei der Revision und der Rechtsbeschwerde auf Kosten der Rechtsmittel, die keiner Zulassung bedürfen, weiter auszudehnen und damit dessen Bedeutung weiter zu steigern. Die kontinuierliche Erhöhung der Revisionssumme im Zivilprozeß[32, 33] führt zu einer Erweiterung des Anwendungsbereichs der Zulassungsrevision, weil alle Fälle, in denen diese Summe nicht erreicht ist, der Zulassung bedürfen[34]. Schon seit ge-

---

[29] *Weyreuther*, Rdn. 14.

[30] Eine ausschließliche Geltung des Zulasungsprinzips findet sich nur bei der weiteren Beschwerde der §§ 14 Abs. 3 Satz 2, 156 Abs. 2 Satz 1, 2 KostenO und der Revisionsbeschwerde nach § 77 ArbGG.

[31] Treffend sprechen *Baur*, ZZP 71, 161, 165 und *Dietz*, NJW 1953, 1489, 1492 hinsichtlich der Revision von einem Kompromißcharakter der gegenwärtigen Regelung.

[32] Auf Grund von Art. 2 Ziffer 87 des VereinheitlichungsG von 1950, DM 6000,—; erhöht durch Art. 2 Ziffer 4 des G zur Änderung von Wertgrenzen und Kostenvorschriften in der Zivilgerichtsbarkeit vom 27. November 1964 (BGBl. I, S. 933) auf DM 15 000,—; weiter erhöht durch Art. 1 Ziffer 1 des G zur Entlastung des BGH in Zivilsachen vom 15. August 1969 (BGBl. I, S. 1141) auf DM 25 000,—, nach Art. 4 Ziffer 2 des BGH-EntlastungsG zunächst befristet bis zum 15. September 1972 (dazu *Schneider*, NJW 1969, 1652 f.; NJW 1970, 1725; NJW 1972, 89) und Verlängerung der Befristung bis zum 15. September 1975 durch Art. 1 Abs. 2 des G zur Änderung des G zur Entlastung des BGH in Zivilsachen vom 7. August 1972 (BGBl. I, S. 1383).

[33] Im arbeitsgerichtlichen Verfahren beträgt die Revisionssumme seit dem ArbGG von 1953 unverändert DM 6000,—.

[34] Statt aller: *Rosenberg / Schwab*, § 143 I 4 a.

raumer Zeit wird vorgeschlagen, die Streitwertrevision wegen ihrer „kapitalistischen Einseitigkeit" und der Untauglichkeit einer Beschwerdesumme als Kriterium der Revisionswürdigkeit zugunsten des Zulassungsprinzips abzuschaffen[35]. Der Entwurf eines Gesetzes zur Änderung des Rechts der Revision in Zivilsachen und in Verfahren vor Gerichten der Verwaltungs- und Finanzgerichtsbarkeit[36] der Bundesregierung will deshalb die Streitwertrevision zugunsten der Zulassungsrevision gänzlich beseitigen[37].

Im verwaltungsgerichtlichen, sozial- und finanzgerichtlichen Verfahren herrscht schon heute bei der Sachrevision das Zulassungsprinzip ausschließlich[38]. Durch den zitierten Entwurf soll es auch auf die Verfahrensrevision ausgedehnt werden[39]; im SGG ist das bereits geschehen[40].

4. Der Zweck richterlicher Rechtsmittelzulassung

Das Zulassungsprinzip, einst als befristete Lösung einer zeitbedingten Überlastung des Reichsgerichts eingeführt, ist inzwischen zur Daueranrichtung geworden, weil die Überlastung Dauerzustand ist. Die Notwendigkeit der Entlastung der obersten Bundesgerichte ist im Laufe der Zeit immer dringender geworden[41], weil die Arbeitslast sich ständig vermehrt hat[42] und organisatorische oder personelle Maßnahmen kaum oder nur bedingt durchführbar sind[43]. Stufenweise Erhöhung der Revi-

---

[35] Kommissionsbericht, S. 153 ff.; *Arndt*, Festschrift für Heusinger, S. 239 ff.; *Dapprich*, JR 1960, 401; *Feyock*, S. 10; *Fischer*, BB 1954, 1005, 1006; *Grave*, VerwArch 1973, 51, 55 f.; *Grussendorf*, NJW 1960, 10, 11; *Johannsen*, DRiZ 1962, 302, 305; *Vorndran*, S. 173 ff.; *Wieczorek*, JR 1962, 282, 284.
Für eine Beibehaltung oder Erhöhung der Revisionssumme plädieren: *Holste*, AnwBl. 1958, 1, 7; *Möhring*, NJW 1962, 1, 4; *Reuß*, DÖV 1959, 10, 11.
[36] Vom 3. Januar 1972, Bundesrats-Drucksache 2/72; dazu: *Möhring*, JZ 1972, 268 ff.; *Holtgrave*, ZZP 86, 1, 14 f.; *Grave*, VerwArch 1973, 51 ff.
[37] Vgl. Art. 1 Ziff. 2, Art. 3 Ziff. 5, Art. 4 Ziff. 2 des Entwurfs des RevisionsänderungsG.
[38] Einzige Ausnahme: § 116 Abs. 2 FGO (Zolltarifsachen); Art. 3 Ziff. 5 des Entwurfs des RevisionsänderungsG sieht deren Abschaffung vor.
[39] Vgl. Art. 2 Ziff. 5, 6, Art. 3 Ziff. 5, 6 des Entwurfs des RevisionsänderungG.
[40] Vgl. § 160 SGG idF des G zur Änderung des SGG vom 30. Juli 1974 (BGBl. I, S. 1625).
[41] Dazu: *Arndt*, DÖV 1962, 561; *Dapprich*, JR 1960, 401; *Esser*, JZ 1962, 513; *Fischer*, BB 1954, 1005; *Johannsen*, DRiZ 1962, 302, 303; *Reuß*, DÖV 1959, 10, 12; *Schröder*, DÖV 1962, 567.
[42] Vgl. die Nachweise bei *Baur*, ZZP 71, 161, 168 f. u. *Heusinger*, ZZP 76, 321, 322 ff.
[43] In diesem Sinne: *Dapprich*, JR 1960, 401; *Fischer*, BB 1954, 1005, 1006; *Feyock*, S. 7; *Grussendorf*, NJW 1960, 10, 11; *Heusinger*, ZZP 76, 321, 329 ff.; *Johannsen*, DRiZ 1962, 302, 303; *Schröder*, DÖV 1962, 567; *Vorndran*, S. 170; *Holtgrave*, ZZP 86, 1, 14.

sionssumme im Zivilprozeß[44] und Beseitigung von zulassungsfreier Streitwert- und Verfahrensrevision sollten und sollen diesem Übel abhelfen[45].

Mit dem Entlastungszweck des Zulassungsprinzips geht das Ziel einher, die obersten Bundesgerichte auf ihre eigentlichen Aufgaben — die Wahrung und Sicherung einheitlicher Rechtsprechung und höchstrichterlicher Rechtsfortbildung — zu konzentrieren[46]. Zwar bezwecken auch die Berufungszulassungen die Entlastung der Berufungsgerichte, jedoch fällt diesen eine andere Aufgabe zu als den obersten Bundesgerichten. Aufgabe der Berufungsgerichte ist in erster Linie, durch Überprüfung des angefochtenen Urteils in tatsächlicher und rechtlicher Hinsicht eine gerechte Entscheidung des Einzelfalles zu gewährleisten. Deshalb ist der Zugang zur Berufungsinstanz grundsätzlich[47] unbeschränkt. Die Zulassung der Berufung steht also in einem gewissen Gegensatz zum Zweck dieses Rechtsmittels. Im geltenden Recht findet sie sich deshalb nur vereinzelt[48].

Der Entlastungszweck des Zulassungsprinzips ist in zweierlei Hinsicht von Bedeutung: Einmal ergeben sich daraus die gesetzlichen Zulassungsvoraussetzungen und die Auslegungskriterien für den judex a quo[49]. Danach ist eine Rechtsstreitigkeit nur dann rechtsmittelwürdig, wenn vom Zweck des zuzulassenden Rechtsmittels her gesehen, ein Bedürfnis nach rechtsmittelgerichtlicher Entscheidung zu bejahen ist. Zum anderen hat er Bedeutung für die Frage der Bindung des judex ad quem an eine fehlerhafte Rechtsmittelzulassung[50]; hier kann er unter Umständen Kriterium für deren Unverbindlichkeit sein.

---

[44] Dazu oben S. 14, Anm. 32. Zum Zweck der Erhöhungen: vgl. die Begründungen der Bundesregierung zum Entwurf eines G zur Änderung von Wertgrenzen in der Zivilgerichtsbarkeit, Bundestags-Drucksache IV/1924, S. 3 f. u. zum Entwurf des BGH-EntlastungsG, Bundestags-Drucksache V/2849, S. 3.

[45] Vgl. die Begründungen der Bundesregierung zum Entwurf des RevisionsänderungsG, Bundesrats-Drucksache 2/72, S. 14 ff.; 20 f.; 24 u. zum G zur Änderung des SGG, Bundestags-Drucksache VI/2006, S. 5.

[46] *Bettermann*, DVBl. 1956, 11, 12; *Duske*, S. 121; *Feyock*, S. 4; *Grave*, VerwArch 1973, 51, 53; *Hanack*, S. 44; *Holtgrave*, ZZP 86, 1, 15; *Paulus*, ZZP 71, 188, 201; *Vorndran*, S. 159.

a. A. *Reuß*, DÖV 1959, 10 f.; *Jagusch*, NJW 1963, 1; *Stein / Jonas / Grunsky*, Vorbem. § 545 ZPO, Anm. I 2; *Gilles*, Rechtsmittel im Zivilprozeß, 1972, S. 79; die die Zweckbestimmung der Revision in erster Linie in der Wahrung von Parteiinteressen sehen.

[47] Von einer geringen Mindestbeschwer abgesehen.

[48] Vgl. oben § 1, 2.

[49] In diesem Sinne *Herschel*, BArbBl. 1955, 365; vgl. im einzelnen unten § 3 A III 1.

[50] Vgl. im einzelnen unten § 4 II 1.

5. Begrenzung und Ziel der folgenden Untersuchung

Die Schwierigkeiten und Probleme, die das Institut richterlicher Rechtsmittelzulassung mit sich brachte und die heute nur zum Teil beseitigt oder geklärt sind, liegen im wesentlichen auf zwei Gebieten. Erstens sind es rechtspolitische Fragen[51], wie die Geeignetheit dieses Instituts zur Entlastung und zur Auswahl rechtsmittelwürdiger Streitigkeiten, die Notwendigkeit zulassungsfreier Rechtsmittel in bestimmten Fällen und insbesondere die Frage nach den Möglichkeiten und Grenzen einer Angleichung der einzelnen Verfahrensordnungen in dieser Hinsicht[52]. Der andere Problemkreis betrifft die Voraussetzungen und Folgen der Zulassung. Insbesondere ist streitig, ob die Rechtsmittelgerichte an eine Zulassung des judex a quo gebunden sind[53]. Vor allem dieses Problem behandelt die vorliegende Arbeit. Sie betrachtet es als ein gemeinsames Problem aller mit dem Zulassungsrechtsmittel operierenden Prozeßordnungen, das deshalb eine einheitliche Antwort erhalten kann, sofern sich nicht aus Sonderregelungen einzelner Prozeßordnungen Abweichungen ergeben.

---

[51] Dazu etwa: *Esser*, JZ 1962, 513 ff.; *Reuß*, DVBl. 1957, 293 ff.
[52] Dazu *Bettermann*, ZZP 70, 161 ff.; m. w. N.
[53] *Feyock*, S. 38 u. *Müller*, Festschrift für Herschel, S. 162 bezeichnen dies als die Hauptprobleme des Instituts richterlicher Rechtsmittelzulassung.
a. A. *Weyreuther*, Rdn. 175, der die praktische Bedeutung dieser Fragen von einer geradezu beherrschenden Rolle weit entfernt sieht.

§ 2. Die Bindung des judex ad quem an die Rechtsmittelzulassung des judex a quo

1. Bindung an die Zulassung als Widerspruchsverbot, Unwiderruflichkeit und Unabänderlichkeit der Zulassung

Der Begriff der „Bindung" ist doppeldeutig[1]. Einmal bedeutet er Widerrufsverbot, d. h. ein Gericht oder eine Behörde darf einen Hoheitsakt nicht mehr aufheben oder abändern. Zum anderen wird er verwendet im Sinne eines Widerspruchsverbots, also des Verbots an ein Gericht oder eine Behörde, sich in einer späteren Entscheidung in Widerspruch zu dem ergangenen Hoheitsakt zu setzen[2], d. h. im Sinne eines Gebots, die eigene Entscheidung so zu fällen, daß sie nicht in Widerspruch zu der Entscheidung des anderen Staatsorgans steht[3].

Bei der Frage der Bindung des judex ad quem an die Rechtsmittelzulassung geht es nicht um die Befugnis des Rechtsmittelgerichts, eine Zulassung förmlich aufzuheben. Die Rechtsmittelzulassungen sind nach geltendem Recht unwiderruflich und unabänderlich. Der judex a quo kann seine eigene Zulassung wegen der ihr zukommenden innerprozessualen Bindungswirkung nach § 318 ZPO[4] nicht widerrufen[5], selbst wenn sie wirkungslos ist[6]. Gleiches gilt für den judex ad quem, nachdem er die Revision oder Rechtsbeschwerde auf eine Nichtzulassungsbe-

---

[1] *Böttcher*, Kritische Beiträge zur Lehre von der materiellen Rechtskraft im Zivilprozeß, 1930, Neudruck 1970, S. 73 ff.; *Brox*, ZZP 73, 46, 49; *Nicklisch*, Die Bindung der Gerichte an gestaltende Gerichtsentscheidungen und Verwaltungsakte, 1965, S. 37.
[2] *Böttcher*, S. 73; *Niklisch*, S. 37.
[3] *Jesch*, Die Bindung des Zivilgerichts an Verwaltungsakte, 1956, S. 28; ähnlich schon *Kuttner*, Urteilswirkungen außerhalb des Zivilprozesses, 1914, S. 5.
[4] § 318 ZPO enthält einen allgemeinen prozessualen Grundsatz: *Grunsky*, Grundlagen des Verfahrensrechts, 2. Aufl. 1974, S. 557; er gilt gemäß §§ 46 Abs. 2, 64 Abs. 2 ArbGG für die Arbeits- bzw. Landesarbeitsgerichte, gemäß § 173 VwGO in der Verwaltungsgerichtsbarkeit; gemäß § 155 FGO in der Finanzgerichtsbarkeit und gemäß § 202 SGG in der Sozialgerichtsbarkeit.
[5] *Müller*, NJW 1955, 1740, 1742; *Redeker / von Oertzen*, § 132 VwGO, Rdn. 16; *Weyreuther*, Rdn. 169.
[6] Nach h. M. unterliegen auch wirkungslose Entscheidungen dem Aufhebungsverbot des § 318 ZPO: *Götz*, Urteilsmängel und innerprozessuale Bindungswirkung, S. 40; *Stein / Jonas / Grunsky*, Vorbem. zu § 578 ZPO, Anm. I 2 a; *Blomeyer*, § 81 III 2; vgl. auch *Jauernig*, S. 143.

schwerde hin zugelassen hat⁷. Ebensowenig ist die ausdrückliche und förmliche Aufhebung einer fehlerhaften Zulassung durch den judex ad quem nach Einlegung des betreffenden Rechtsmittels statthaft⁸. Eine derartige Aufhebung bedürfte einer gesetzlichen Ermächtigung, die das geltende Recht jedoch nicht kennt. Einzig im Falle der erfolgreichen Nichtzulassungsbeschwerde ist dem judex ad quem die Ermächtigung eingeräumt, die Entscheidung des judex a quo über die Nichtzulassung abzuändern.

Problematisch ist dagegen die Bindung des judex ad quem als Widerspruchsverbot, d. h. die Frage, ob und in welchen Fällen das Rechtsmittelgericht ohne Aufhebung der Zulassung sich zu dieser in Widerspruch setzen und das Rechtsmittel trotz der Zulassung als unstatthaft abweisen oder umgekehrt trotz Nichtzulassung das Rechtsmittel zulassen und sachlich beschneiden darf.

2. Der Grundsatz der Bindung an die Zulassung

a) Ableitung der Bindung aus den gesetzlichen Vorschriften

aa) In der Regel keine ausdrückliche gesetzliche Anordnung der Bindung

Nach § 160 Abs. 3 SGG⁹ ist „das Bundessozialgericht an die Zulassung gebunden". Dies ist allerdings die einzige ausdrückliche Anordnung der Bindung des judex ad quem an die Zulassung; im übrigen enthält keine Verfahrensordnung bei keinem Rechtsmittel eine derartige Anordnung. Das ist insofern bemerkenswert, als unsere Prozeßordnungen in einer ganzen Reihe von Fällen die Bindung an eine bestimmte Entscheidung eines anderen Gerichts ausdrücklich anordnen¹⁰: z. B. an den rechtskräftigen Ausspruch der sachlichen oder funktionellen¹¹ Unzuständigkeit gemäß §§ 11 ZPO, 48 Abs. 1 ArbGG, an die Verweisung wegen örtlicher oder sachlicher Unzuständigkeit¹², an die Entscheidung über die

---

⁷ BVerwG, NJW 1961, 1737, 1738; Ule, § 132 VwGO, Anm. II 3; Weyreuther, Rdn. 178.
⁸ Weyreuther, Rdn. 177.
⁹ Eingefügt durch Art. 1 Ziff. 16 des G zur Änderung des SGG vom 30. Juli 1974 (BGBl. I, S. 1625).
¹⁰ Dazu eingehend: Bötticher, Die Bindung der Gerichte an Entscheidungen anderer Gerichte, in: Hundert Jahre Deutsches Rechtsleben, S. 511, 526 ff.
¹¹ RGZ 66, 17, 19 f.; OLG München, NJW 1956, 187.
¹² §§ 276 Abs. 2 Satz 2 ZPO, 48 Abs. 1 ArbGG iVm. mit § 276 Abs. 2 Satz 2 ZPO, 83 Abs. 2 Satz 2 VwGO, 98 Abs. 2 Satz 2 SGG, 70 Abs. 2 Satz 2 FGO (jedoch nicht bei Verweisung an den BFH); sowie §§ 102 Satz 2, 104 Abs. 1 Satz 3 GVG; ferner die Verweisungen nach §§ 506, 697 Abs. 1 ZPO jeweils iVm. § 276 Abs. 2 Satz 2 ZPO.

Zulässigkeit oder Unzulässigkeit des Rechtsweges[13] und an die Zurückverweisung durch das Rechtsmittelgericht[14].

Dennoch kann aus dem Fehlen einer ausdrücklichen Anordnung der Bindung in den Vorschriften über die Statthaftigkeit von Rechtsmitteln nicht auf die Unverbindlichkeit der Zulassung für den judex ad quem geschlossen werden[15]. Eine solche Bindung braucht nicht ausdrücklich im Gesetz angeordnet zu sein. Vielmehr kann sie sich auch im Wege der Auslegung der einschlägigen Vorschriften, aus der Gesetzessystematik oder aus den prozessualen Wirkungen der Rechtsmittelzulassung ergeben.

bb) Die Tatbestandswirkung der Zulassung

Wenn die einschlägigen Vorschriften davon sprechen, daß das betreffende Rechtsmittel nur stattfindet bzw. nur statthaft ist, wenn es zugelassen werde[16], daß es nur eingelegt werden kann bzw. die Beteiligten es nur einlegen können, wenn es zugelassen werde[17]; daß es den Beteiligten nur zusteht, wenn es zugelassen werde[18], und schließlich, daß es nur zulässig ist, wenn es zugelassen werde[19], so statuiert das Gesetz damit eine Tatbestandswirkung der Zulassung. Tatbestandswirkung hat eine richterliche Entscheidung dann, wenn an deren Vorliegen bestimmte Rechtsfolgen in anderen Vorschriften geknüpft werden. Mit

---

[13] §§ 17 Abs. 2 GVG, 48 a Abs. 2 ArbGG, 41 Abs. 2 VwGO, 52 Abs. 2 SGG, 34 Abs. 2 FGO; was jedoch nicht im Verhältnis der ordentlichen zur Arbeitsgerichtsbarkeit gilt, weil dieses Verhältnis unter dem Gesichtspunkt der sachlichen Zuständigkeit, nicht der Zulässigkeit des Rechtsweges geregelt ist, §§ 48 a Abs. 4, 48 Abs. 1 ArbGG, 17 Abs. 5 GVG.

[14] Bei Zurückverweisung durch das Revisionsgericht: § 565 Abs. 2 ZPO, der gemäß § 72 Abs. 3 auch im Arbeitsgerichtsprozeß gilt; §§ 144 Abs. 6 VwGO, 170 Abs. 4 SGG, 126 Abs. 5 FGO; bei Zurückverweisung durch das Berufungsgericht: §§ 130 Abs. 2 VwGO, 159 Abs. 2 SGG, im Zivilprozeß ist § 565 Abs. 2 ZPO entsprechend anwendbar: BGHZ 25, 200, 203; *Stein / Jonas / Grunsky*, § 538 ZPO, Anm. IX 2.

[15] So auch *Feyock*, S. 39.

[16] So §§ 546 Abs. 1 ZPO, 72 Abs. 1 Satz 2, 92 Abs. 1 Satz 1, 64 Abs. 1 ArbGG, 219 Abs. 1 BEG, 73 Abs. 1 GWB, 41 p Abs. 1 PatentG, 13 Abs. 5 WZG, 10 Abs. 5 GebrmusterG, 24 Abs. 1 LwVG, 46 Abs. 1 BLG, 10 Abs. 1 G über unentgeltliche Beförderung, 33 Abs. 1 Satz 1 2. WohngeldG, 14 Abs. 3 Satz 2 KostenO.

[17] So §§ 132 Abs. 1 Satz 2 VwGO, 339 Abs. 1 LAG (und die darauf verweisenden §§ 38 Abs.1 FeststellungsG, 39 Abs. 1 Beweissicherungs- u. Feststellungsg), 23 Abs. 1 Kriegsgef. EG, 81 Abs. 1 Satz 1 DRiG.

[18] So §§ 115 Abs. 1 FGO, 160 Abs. 1 Satz 1 SGG.

[19] So §§ 145 Abs. 1 BRAO, 127 Abs. 1 PatentAO, 34 Abs. 2 Satz 1 WehrpflG, 75 Abs. 2 Satz 1 ErsatzdienstG, 79 Abs. 1 Satz 2 OWiG, 150 Nr. 1 SGG, 77 Satz 1 ArbGG, 156 Abs. 2 Satz 2 KostenO; diese Terminologie des Gesetzes ist allerdings ungenau insofern, als die Zulassung ein Rechtsmittel nur statthaft, niemals jedoch zulässig machen kann, weil die Zulässigkeit von weiteren, in der Regel in der Hand des Rechtsmittelklägers liegenden Umständen, wie Wahrung von Form und Frist, abhängt.

anderen Worten: die Entscheidung muß Tatbestandsmerkmal einer anderen Rechtsnorm sein[20]. Bei der Rechtsmittelzulassung knüpfen die einschlägigen Vorschriften an die Zulassung des judex a quo die Statthaftigkeit des Rechtsmittels. Die Zulassung ist hier also Tatbestandsmerkmal für die Rechtsfolge Statthaftigkeit. Das Vorliegen einer bestimmten Beschwerdesumme und die übrigen Voraussetzungen, die zur Statthaftigkeit eines Rechtsmittels ohne Zulassung führen, sind Tatbestandsmerkmal in den Vorschriften über die Statthaftigkeit des Rechtsmittels. In gleichem Maße ist es die Zulassung, und zwar ihr bloßes Vorliegen, nicht ihre Rechtmäßigkeit oder Richtigkeit, weil zulassungsfreie und zulassungsbedürftige Rechtsmittel in diesen Vorschriften alternativ und gleichrangig nebeneinander stehen. Bewirkt also lediglich das Vorhandensein, nicht die Richtigkeit der Zulassung die Statthaftigkeit des Rechtsmittels, so hat der judex ad quem auch nur das Vorhandensein festzustellen, nicht jedoch deren Richtigkeit zu überprüfen. Die gesetzliche Regelung impliziert denknotwendig die Bindung des judex ad quem an die Zulassung.

cc) Trennung zwischen Zulassungsvoraussetzungen und Zulassungswirkung

Weiterhin spricht für die Bindung des judex ad quem an die Rechtsmittelzulassung die im Gesetz durchweg vorgenommene Trennung zwischen den Zulassungsvoraussetzungen und der Zulassungswirkung. Diese Trennung innerhalb der einschlägigen Vorschriften hat erstmals *Paulus* nachgewiesen[21]. Das Gesetz trennt stets zwischen der Norm, die das betreffende Rechtsmittel bei Vorliegen der Zulassung für statthaft erklärt, und der Norm, die für den judex a quo festlegt, unter welchen Voraussetzungen er das Rechtsmittel zulassen darf oder muß. In zahlreichen Verfahrensordnungen werden im Absatz 1 der betreffenden Vorschrift die Zulassungswirkung und davon getrennt im Absatz 2 die Zulassungsvoraussetzungen normiert[22]. Am deutlichsten ist diese Trennung im ArbGG durchgeführt. Dort befinden sich die Normen über die Zulassungswirkung (§§ 72 Abs. 1 Satz 1, 92 Abs. 1 Satz 1 ArbGG) und die Normen über die Zulassungsvoraussetzungen (§§ 69 Abs. 3, 91 Abs. 3

---

[20] *Stein / Jonas / Schumann / Leipold*, § 322 ZPO, Anm. II 5; in diesem Sinne auch *Brox*, ZZP 77, 46, 50; *Jesch*, (Fußn. 3), S. 58 ff.; *Bettermann*, Die Grundrechte, Bd. III, S. 903; *Kuttner*, (Fußn. 3), S. 20 f. spricht von „privatrechtlichen Nebenwirkungen" der Entscheidung; derartige Nebenwirkungen können aber auch öffentlich-rechtlicher Natur sein.
[21] *Paulus*, ZZP 71, 188, 207 f. am Beispiel von § 546 ZPO.
[22] So in §§ 546 ZPO, 132 VwGO, 115 FGO, 219 BEG, 73 GWB, 41 p PatentG, 145 BRAO, 127 PatentAO. Im OWiG befinden sich beide Vorschriften in verschiedenen Paragraphen (§ 79 Abs. 2 OWiG — § 80 Abs. 1 OWiG).

ArbGG) nicht nur in verschiedenen Paragraphen, sondern auch in verschiedenen Abschnitten des Gesetzes[23].

Diese Trennung im Gesetz ist kein Zufall, vielmehr ein Gebot der Logik. Die Normen über die Zulassungswirkung und die über die Zulassungsvoraussetzungen regeln inhaltlich Verschiedenes.

Sie wenden sich auch an jeweils verschiedene Adressaten. Die Normen über die Zulassungsvoraussetzungen sind Anweisungen an den judex a quo, wann er eine Rechtsmittelzulassung auszusprechen hat[24]. Das wird ganz deutlich im ArbGG, wo die Zulassungsvoraussetzungen in den Abschnitten über das Berufungs- bzw. Beschwerdeverfahren stehen[25], sich damit eindeutig an den judex a quo wenden[26]. Demgegenüber richten sich die Normen über die Zulassungswirkung an die durch die Zulassung begünstigte Prozeßpartei(en), den (die) potentiellen Rechtsmittelkläger, und an den judex ad quem[27]. An die Adresse der durch die Zulassung begünstigten Prozeßpartei(en) richten sie sich insofern, also sie ihr die Rechtsmittelinstanz öffnen, indem sie das Rechtsmittel für statthaft erklären; an die Adresse des judex ad quem insofern, als sie der Zulassung Tatbestandswirkung zuerkennen und damit festlegen, daß das Rechtsmittel wegen der Zulassung statthaft ist. Damit geht die Kritik von *Hanack*[28] an der Differenzierung zwischen Normen über Zulassungsvoraussetzungen und Zulassungswirkung fehl. In Absatz 1 von § 546 ZPO wird nicht etwas ausgesprochen, dessen nähere Voraussetzungen in Absatz 2 umschrieben werden[29], sondern es wird jeweils anderes für verschiedene Normadressaten geregelt. Der Grundsatz des Absatz 1 von § 546 ZPO wird nicht durch Abs. 2 wieder in Frage gestellt[30], sondern ergänzt durch eine Vorschrift über die Voraussetzungen, unter denen die Zulassung ausgesprochen werden darf oder muß.

Neben der Tatbestandswirkung weist die Rechtsmittelzulassung Gestaltungswirkung auf. Sie hat einen verfahrensgestaltenden, nicht nur

---

[23] Anders bei Zulassung der Berufung nach § 64 Abs. 1 ArbGG, wo Zulassungswirkung und -voraussetzungen im gleichen Paragraphen und im gleichen Absatz geregelt sind.

[24] *Paulus*, ZZP 71, 188, 207 f.; *Baur*, JZ 1954, 146, 147.

[25] §§ 69 Abs. 3, 91 Abs. 3 ArbGG.

[26] *Müller*, Festschrift für Herschel, S. 164.

[27] Nach *Paulus*, ZZP 71, 188, 208 nur an die Partei(en); nach *Müller*, Festschrift für Herschel, S. 164 nur an den judex ad quem.

[28] S. 322.

[29] So *Hanack*, S. 322.

[30] Insoweit hat *Hanack*, den Sinn der Trennung mißverstanden; interessant ist jedoch, daß *Hanack* in bezug auf die Revisionszulassung im ArbGG meint, daß man dort „eher der Argumentation von Paulus zustimmen könnte".

deklatorischen Inhalt[31], die Gestaltungswirkung ist also nicht bloße Neben- oder Reflexwirkung der Zulassung[32]. Die Zulassung verschafft dem Urteil des judex a quo die Rechtsmittelfähigkeit und eröffnet damit der durch die Zulassung begünstigten Prozeßpartei eine weitere Instanz[33]. Sie ändert also die prozessuale Rechtslage.

Die vom Gesetz durchweg vorgenommene Trennung zwischen den Zulassungsvoraussetzungen und der Zulassungswirkung bedeutet demnach, daß die Gestaltungswirkung einer Zulassung unabhängig von deren Voraussetzungen eintritt. Die fehlerhafte Annahme der Zulassungsvoraussetzungen durch den judex a quo berührt nicht die Zulassungswirkung. Tritt die Gestaltungswirkung unabhängig von den Zulassungsvoraussetzungen ein, so kann das nur bedeuten, daß der judex ad quem an die Rechtsmittelzulassung des judex a quo grundsätzlich gebunden ist, also das Vorliegen der Zulassungsvoraussetzungen nicht zum Gegenstand erneuter und eigener Kognition machen darf.

b) Ableitung der Bindung aus der Unanfechtbarkeit der Zulassung

Die Zulassung eines Rechtsmittels ist im geltenden Recht weder aufhebbar für den judex ad quem, noch widerruflich für den judex a quo[34], noch anfechtbar für die dadurch beschwerte Prozeßpartei[35]. Während die negative Zulassungsentscheidung des judex a quo in zahlreichen Verfahrensordnungen mit der Nichtzulassungsbeschwerde anfechtbar ist[36], hat die durch die positive Zulassungsentscheidung beschwerte Prozeßpartei in keiner Verfahrensordnung die Möglichkeit der Anfechtung. Der judex ad quem kann eine Rechtsmittelzulassung auch nicht deshalb überprüfen, weil in der Rechtsmittelinstanz das angefochtene Urteil

---

[31] BVerwG, NJW 1961, 1737, 1738; *Paulus*, ZZP 71, 188, 208.

[32] Zum Unterschied von Tatbestands- und Gestaltungswirkung vgl. *Bettermann*, Die Grundrechte, Bd. III, 2. Halbbd., S. 903 f.

[33] *Weyreuther*, Rdn. 17; in diesem Sinne auch BAGE 3, 46; *Kuchinke*, S. 42; vgl. auch *Bettermann*, Die Grundrechte, Bd. III, 2. Halbbd., S. 570.

[34] Siehe oben § 2, 1.

[35] BGHZ 2, 16; BFH 90, 335; *Weyreuther*, Rdn. 169; *Schönke / Kuchinke*, § 78 III 1.

[36] Die meisten Verfahrensordnungen kennen eine Nichtzulassungsbeschwerde; Ausnahmen bilden die Nichtzulassung der Revision in ZPO, ArbGG; die Nichtzulassung der Rechtsbeschwerde in ArbGG, PatentG, WZG, GebrauchsmusterG, LwVG, OWiG; die Nichtzulassung der Berufung in ArbGG, SGG; die Nichtzulassung der weiteren Beschwerde in der KostenO und die Nichtzulassung der Revisionsbeschwerde im ArbGG; die Verfahrensordnungen ohne Nichtzulassungsbeschwerde sind also rein zahlenmäßig in der Minderheit; von der praktischen Bedeutung her gesehen, kennen jedoch wesentliche Prozeßordnungen (ZPO, ArbGG) keine Nichtzulassungsbeschwerde.

unter jedem rechtlichen Gesichtspunkt nachgeprüft wird. Vielmehr stellt die Zulassung ja erst die Voraussetzung dafür dar, daß das Urteil des judex a quo überprüft werden darf[37]. Außerdem ist der Zulassungsausspruch kein Bestandteil der Entscheidung des judex a quo, der angefochten und damit überprüft wird. Es gibt somit weder eine prinzipale Überprüfung der Zulassung auf ihre Rechtmäßigkeit durch den judex ad quem, noch eine inzidente bei Überprüfung des angefochtenen Urteils.

Die ausnahmslose Unvernichtbarkeit der Rechtsmittelzulassung ist der entscheidende Grund für die grundsätzliche Bindung des judex ad quem. Die Unvernichtbarkeit qua Unanfechtbarkeit hat zur Folge, daß das Rechtsmittelgericht keine Möglichkeit zur Nachprüfung der Zulassung hat, also an sie gebunden ist. Andernfalls würde die Unanfechtbarkeit leerlaufen. Die Verfahrensordnungen kennen zahlreiche Entscheidungen, die unanfechtbar und damit unvernichtbar sind[38]. Die Unanfechtbarkeit bewirkt hier, daß alle später mit der Sache befaßten Gerichte, gleichgültig welcher Instanz, an diese Entscheidungen gebunden sind[39]. Ebenso muß bei der Rechtsmittelzulassung die gesetzliche Entscheidung für deren Unanfechtbarkeit die grundsätzliche Bindung des judex ad quem zur Folge haben[40].

c) *Regelung im Entwurf des Revisionsänderungsgesetzes*

Wie in § 160 Abs. 3 SGG will der Entwurf des Revisionsänderungsgesetzes der Bundesregierung[41] das Revisionsgericht durch ausdrückliche Vorschriften an die Revisionszulassung des judex a quo binden[42]. Diese Vorschriften bringen jedoch nur eine Klarstellung und Wieder-

---

[37] BAGE 3, 46, 48; *Vorndran*, S. 99.
[38] So die einem Wiedereinsetzungsantrag stattgebende Entscheidung: §§ 60 Abs. 5 VwGO, 67 Abs. 4 Satz 2 SGG, 56 Abs. 5 FGO, 46 Abs. 2 StPO; die Entscheidung, daß eine Klageänderung nicht vorliegt oder zuzulassen ist: §§ 270 ZPO, 99 Abs. 4 SGG; die Zurückweisung des Mahngesuchs: § 691 Abs. 3 ZPO; der das Armenrecht bewilligende Beschluß: § 127 Satz 1 ZPO; die Ablehnung des Antrags auf Entscheidung nach Aktenlage: § 336 Abs. 2 ZPO; ferner: §§ 46 Abs. 2, 80 Abs. 2 Satz 2, 157 Abs. 2 Satz 2, 174 Abs. 1 Satz 2, 177 Abs. 2 Satz 2, 225 Abs. 3, 355 Abs. 2, 406 Abs. 5, 490 Abs. 2 Satz 2, 534 Abs. 3, 656 Abs. 2 (bei zurückweisendem Beschluß, arg. e contrario), 707 Abs. 2 Satz 2 ZPO.
[39] *Eyermann / Fröhler*, § 60 VwGO, Rdn. 32 in bezug auf § 60 Abs. 5 VwGO; *Wieczorek*, § 270 ZPO, Anm. B I b in bezug auf § 270 ZPO.
[40] *Feyock*, S. 38 f.; *Haueisen*, SozGerbkt. 1955, 1; *Kuchinke*, S. 42; *Vorndran*, S. 98 f.
[41] Bundesrats-Drucksache 2/72 vom 3. Januar 1972.
[42] Vgl. § 545 Abs. 3 ZPO idF von Art. 1 Ziff. 2; § 182 Abs. 3 VwGO idF von Art. 2 Ziff. 5; § 115 Abs. 3 FGO idF von Art. 3 Ziff. 5; § 72 Abs. 3 ArbGG idF von Art. 4 Ziff. 2; § 92 Abs. 1 ArbGG idF von Art. 4 Ziff. 6 iVm Art. 72 Abs. 3 ArbGG.

holung der sich bereits aus den geltenden Regelungen ergebenden Rechtslage[43], die seit je bestehende Zweifelsfrage, wo die Grenzen der Bindung liegen, räumen sie nicht aus.

3. Die Erheblichkeit der Zulassung für den judex ad quem

Die Frage der Bindung des judex ad quem an die des judex a quo kann — wie allgemein die Frage der Bindung eines Staatsorgans an die Entscheidung eines anderen Staatsorgans — nur dann auftreten, wenn die Zulassung für den judex ad quem erheblich im Sinne von präjudiziell ist[44].

a) Das ist eine Rechtsmittelzulassung für den judex ad quem dann, wenn es für die Entscheidung über die Statthaftigkeit des eingelegten Rechtsmittels darauf ankommt, ob die Zulassung dessen Statthaftigkeit bewirkt hat und er davon wegen seiner Bindung an die Zulassung ausgehen muß. Kann er diese Frage dahinstehen lassen, weil das Rechtsmittel auf Grund anderer Umstände als der Zulassung statthaft oder unstatthaft ist, so ist die Zulassung für ihn nicht erheblich. Das geltende Rechtsmittelrecht kennt zwei Gruppen von Statthaftigkeitsvoraussetzungen. Die Statthaftigkeit tritt entweder auf Grund einer Zulassung des judex a quo ein (zulassungsbedürftige Rechtsmittel) oder bei Vorliegen bestimmter gesetzlicher Voraussetzungen „ex lege" (zulassungsfreie Rechtsmittel). Zulassungsbedürftige und zulassungsfreie Rechtsmittel stehen einander ausschließend gegenüber und grenzen nahtlos aneinander.

Bei den zulassungsbedürftigen Rechtsmitteln ist die Zulassung stets erheblich für den judex ad quem. Nur sie kann die Statthaftigkeit des Rechtsmittels bewirken. Demgegenüber sind etwaige Zulassungen bei zulassungsfreien Rechtsmitteln für den judex ad quem nicht erheblich, weil das betreffende Rechtsmittel bereits ex lege zugelassen ist, es einer richterlichen Zulassung also nicht bedarf. Eine dennoch ausgesprochene Zulassung kann die Rechtslage nicht gestalten, d. h. die Statthaftigkeit nicht bewirken, weil diese bereits ohne Zulassung eingetreten ist.

b) Die Grenze zwischen zulassungsfreien und zulassungsbedürftigen Rechtsmitteln ist allerdings nicht in allen Fällen leicht zu ziehen. Auslegung und Anwendung der Vorschriften über die zulassungsfreien Rechstmittel können im Einzelfall Schwierigkeiten bereiten, was Aus-

---

[43] *Grave*, VerwArch 1973, 70 f. meint, daß dadurch auch im Falle einer offensichtlich unbegründeten Zulassung die Bindung des Revisionsgerichts eintrete.

[44] Vgl. dazu für die allgemeine Frage der Bindung von Staatsorganen an Vorentscheidungen anderer Staatsorgane: *Nicklisch*, (Fußn. 1), S. 14, 15; *Bettermann*, Die Grundrechte, Bd. III, S. 898 ff.; *Jesch*, (Fußn. 3), S. 27.

wirkungen auf die Frage der Erheblichkeit einer Zulassung hat. Da der judex ad quem im Rahmen der Statthaftigkeitsprüfung über Auslegung und Anwendung dieser Vorschriften entscheidet, hat er — in begrenztem Rahmen — die Möglichkeit, einer etwaigen Zulassung Erheblichkeit zu verschaffen. Das ist insbesondere möglich, wenn ein Rechtsmittel ohne Zulassung statthaft ist, weil der Rechtsmittelkläger einen wesentlichen Verfahrensmangel[45] oder eine Rechtsverletzung bei Beurteilung bestimmter Kausalitätsfragen[46] rügt. Hier könnte eine etwaige Zulassung erheblich werden, wenn der judex ad quem für die Statthaftigkeit des Rechtsmittels die bloße Rüge nicht ausreichen läßt, sondern das tatsächliche Vorliegen des Verfahrensmangels bei der Rechtsverletzung verlangt[47].

Allerdings steht bei zahlreichen Entscheidungen eindeutig fest, daß gegen sie ein Rechtsmittel ohne Zulassung statthaft ist. So, wenn der Wert des Beschwerdegegenstandes bzw. der Streitwert eine bestimmte Summe erreicht oder überschreitet[48], falls die Festsetzung des Streit- oder Beschwerdewertes durch den judex a quo für das Rechtsmittelgericht bindend ist, wenn das Urteil des judex a quo einen bestimmten Inhalt hat[49] oder wenn es sich um eine bestimmte Art von Streitigkeit handelt[50].

4. Bindung nur bei wirksamer Rechtsmittelzulasssung

War im Verlauf der bisherigen Erörterung stets von der „grundsätzlichen" Bindung des judex ad quem an die Rechtsmittelzulassung die

---

[45] So bei der Revision nach §§ 133 VwGO, 116 Abs. 1 FGO, 339 Abs. 1 LAG (mit den darauf verweisenden §§ 38 Abs. 1 FeststellungsG, 39 Abs. 1 Beweissicherungs- u. FeststellungsG), §§ 23 Abs. 1 KriegsgefEG, 34 Abs. 2 Satz 1 WehrpflG, 75 Abs. 2 Satz 1 ErsatzdienstG, 81 Abs. 3 DRiG; bei der Rechtsbeschwerde nach § 73 Abs. 4 GWB, 41 p Abs. 3 PatentG, §§ 13 Abs. 5 Satz 2 WZG, 10 Abs. 5 Satz 2 GebrMG (jeweils iVm § 41 p Abs. 3 PatentG); bei der Berufung nach § 150 Nr. 2 SGG.

[46] So bei der Berufung nach § 150 Nr. 3 SGG.

[47] Wie es etwa das BSG (E 1, 150, 151 ff. mit abl. Anm. *Bettermann*, NJW 1956, 439 f.) für § 162 Abs. 1 Nr. 2 SGG a. F. verlangt hat.

[48] So bei der Revision nach §§ 546 Abs. 1 ZPO, 72 Abs. 1 Satz 4, 5 ArbGG, 115 Abs. 1 FGO und bei der Berufung nach § 64 Abs. 1 ArbGG.

[49] So bei der Revision nach § 145 Abs. 1 Nr. 1, 2 BRAO, 127 Abs. 1 Nr. 1, 2 PatentAO (bei Entscheidung auf Ausschließung aus der Rechts- bzw. Patentanwaltschaft oder entgegen einem Antrag der Staatsanwaltschaft nicht auf Ausschließung); bei der Rechtsbeschwerde nach § 79 Abs. 1 Satz 1 Nr. 1—5 OWiG.
Hierzu zählen nicht die §§ 547 ZPO, 221 BEG, weil die Statthaftigkeit nicht auf dem bestimmten Inhalt des angefochtenen Urteils, sondern auf der Erhebung einer bestimmten Revisionsrüge beruht, das Urteil muß also wegen der Bejahung oder Verneinung der Zulässigkeit der Berufung angegriffen werden: BGH ZZP 67, 315, 316; *Rosenberg / Schwab*, § 143 I 4 c.

[50] So bei der Revision nach § 116 Abs. 2 FGO (Zolltarifsachen).

4. Bindung nur bei wirksamer Rechtsmittelzulassung

Rede, so deshalb, weil es von diesem Grundsatz eine gewichtige Ausnahme gibt: die wirkungslosen (nichtigen) Rechtsmittelzulassungen. Wirkungslose Zulassungen entfalten zwar die Tatbestandswirkung, nicht jedoch die Gestaltungswirkung im oben[51] bezeichneten Sinne. Sie können die prozessuale Rechtslage nicht verändern. Sie sind schlechthin unbeachtlich für den judex ad quem, er ist an sie nicht gebunden. Darüber besteht Einigkeit. Bindung des judex ad quem an eine Rechtsmittelzulassung bedeutet daher nicht „Verbot der Nachprüfung", sondern „Beschränkung der Nachprüfung auf wirkungslose Zulassungen"[52]. Die Frage der Bindung an die Zulassung ist damit identisch mit der Frage nach der Wirkungslosigkeit der Zulassung.

Allerdings wird die Auffassung vertreten, daß es sich bei der Überprüfung einer Zulassung auf ihre etwaige Wirkungslosigkeit durch den judex ad quem der Sache nach um eine beschränkte Anfechtung handele, die durch Einlegung des betreffenden Rechtsmittels vollzogen werde[53]. Dieser Ansicht ist entgegenzuhalten, daß sie einmal nicht dem Gesetz entspricht, was sie auch selbst erkennt[54], und daß sie zum anderen den Begriff der Nichtigkeit verkennt. Die Frage der Wirkungslosigkeit eines bestimmten Staatsakts taucht in der Regel[55] nur vorfrageweise anläßlich eines beliebigen Anwendungs- oder Vollzugsfalles dieses Aktes auf[56]; bei der Anfechtung dagegen ist die Frage der Rechtmäßigkeit des Staatsaktes Hauptfrage (also Streitgegenstand) des Verfahrens. Hauptfrage des Rechtsmittelverfahrens, also materieller Rechtsmittelgegenstand, ist die Begründetheit des Rechtsmittels. Ihr ist die Prüfung des prozessualen Rechtsmittelgegenstandes, das ist die Zulässigkeit des Rechtsmittels, vorgeschaltet[57]. Die Nichtigkeit der Zulassung betrifft aber nur die Zulässigkeit, nicht die Begründetheit des Rechtsmittels. Innerhalb der Zulässigkeit betrifft sie nur die Statthaftigkeit, innerhalb der Statthaftigkeitsprüfung ist sie Vorfrage, weil sich die Anfechtung (Revision, Berufung etc.) nicht gegen die Zulassung, sondern gegen das Urteil des judex a quo richtet. Die inzidente Über-

---

[51] § 2, 2 a cc.
[52] So für die allgemeine Frage der Bindung eines Staatsorgans an die Vorentscheidung eines anderen Staatsorgans: *Jesch*, (Fußn. 3), S. 28; *Nicklisch*, (Fußn. 1), S. 38; *Vahlbruch*, Bindung des Richters an Verwaltungsakte, Diss. Tübingen, 1937, S. 10.
[53] *Stein / Jonas / Grunsky*, § 546 ZPO, Anm. VI 3 c.
[54] *Stein / Jonas / Grunsky*, § 546 ZPO, Anm. VI 3 c.
[55] In der Regel soll heißen, daß die Frage der Wirkungslosigkeit eines Staatsakts auch Hauptfrage eines Anfechtungsverfahrens sein kann, denn Nichtigkeit und Anfechtbarkeit schließen einander nicht aus: *Bettermann*, Gedächtnisschrift für Jellinek, S. 381.
[56] So *Imboden*, S. 83.
[57] *Blomeyer*, § 101 I.

prüfung der Zulassung auf ihre Wirksamkeit ist demzufolge von der prinzipalen Anfechtung zu unterscheiden.

Die weitere Untersuchung muß sich deshalb auf die Frage konzentrieren, unter welchen Voraussetzungen eine Rechtsmittelzulassung wirkungslos ist. Die Wirkungslosigkeit einer Zulassung kann nur aus ihrer Fehlerhaftigkeit folgen. Um die fehlerhafte Rechtsmittelzulassung auf ihre Wirksamkeit oder Wirkungslosigkeit untersuchen zu können, bedarf es zunächst der Darstellung der Zulassungsvoraussetzungen des geltenden Rechts. Daraus ergibt sich dann, in welchen Fällen eine Zulassung fehlerhaft ist, d. h. entgegen dem Gesetz ausgesprochen wurde. Erst dann kann ermittelt werden, welche Fehler die Zulassung nichtig machen und welche ihre Wirksamkeit nicht in Frage stellen.

§ 3. Die Zulässigkeit der Rechtsmittelzulassung

Die gesetzlichen Voraussetzungen einer Rechtsmittelzulassung lassen sich in materiell-rechtliche und verfahrensrechtliche (formelle) Voraussetzungen unterteilen. Die materiell-rechtlichen Zulassungsvoraussetzungen regeln, in welchen Fällen eine Zulassung ausgesprochen werden darf oder muß, die formellen Voraussetzungen betreffen die Frage, wie der Ausspruch verfahrensmäßig zu erfolgen hat.

A. DIE MATERIELL-RECHTLICHEN ZULÄSSIGKEITS- VORAUSSETZUNGEN

I. Zulassungsfähige Entscheidungen

Ungeschriebene Voraussetzung jeder Rechtsmittelzulassung ist, daß sie sich auf eine zulassungsfähige Entscheidung bezieht. Zulassungsfähig sind solche Entscheidungen, die generell anfechtbar sind. Gegen zulassungsfähige Entscheidungen ist das betreffende Rechtsmittel grundsätzlich statthaft. Die Statthaftigkeit im Einzelfall hängt jedoch von einer entsprechenden Zulassung des judex a quo oder vom Vorliegen bestimmter gesetzlicher Voraussetzungen ab. Demgegenüber sind generell unanfechtbare Entscheidungen auch generell zulassungsunfähig. Derartige Entscheidungen werden mit Verkündung, im schriftlichen Verfahren mit Zustellung an beide Parteien, formell rechtskräftig[1]. Dies ergibt sich mittelbar aus den einschlägigen Vorschriften, wenn sie ein Rechtsmittel gegen solche Entscheidungen für unstatthaft erklären. Der judex a quo hat keine gesetzliche Ermächtigung, die Rechtskraft generell unanfechtbarer Entscheidungen durch eine Rechtsmittelzulassung im Einzelfall wieder zu beseitigen. Eine dennoch ausgesprochene Zulassung ist daher nicht nur unzulässig, sondern auch unwirksam = unbeachtlich[2].

1. Bei Revision und Rechtsbeschwerde

Insbesondere bei der Revision und der Rechtsbeschwerde gibt es eine ganze Reihe von Entscheidungen, die mit diesen Rechtsmitteln nicht anfechtbar sind[3].

---

[1] *Stein / Jonas / Münzberg*, § 705 ZPO, Anm. II 1.
[2] Siehe unten § 5, I.
[3] Berücksichtigt werden im folgenden selbstverständlich nur die Verfahrensordnungen, die das Zulassungsprinzip kennen, dazu oben § 1, 2.

§ 3. A. Materiell-rechtliche Zulässigkeit der Rechtsmittelzulassung

Im Zivil- und Arbeitsgerichtsprozeß sind revisionsfähig und damit revisionszulassungsfähig nur die Endurteile der Oberlandes- bzw. Landesarbeitsgerichte[4], also keine Zwischenurteile mit Ausnahme der selbständig anfechtbaren Zwischenurteile über prozeßhindernde Einreden, § 275 ZPO[5] und — allerdings nicht im arbeitsgerichtlichen Verfahren[6] — Zwischenurteile über den Grund eines Anspruchs, § 304 ZPO. Unzulässig ist eine Revisionszulassung ferner in Urteilen, durch die über die Anordnung, Abänderung oder Aufhebung eines Arrestes oder einer einstweiligen Verfügung entschieden wird, §§ 545 Abs. 2 ZPO[7], 72 Abs. 2 ArbGG[8].

Versäumnisurteile der Oberlandes- bzw. Landesarbeitsgerichte können gemäß § 566 ZPO[9] nur nach Maßgabe des § 513 Abs. 2 ZPO mit der Revision angefochten werden. Die Revision findet also nur gegen ein zweites Versäumnisurteil im Sinne von § 345 ZPO statt[10] und nur insoweit, also sie darauf gestützt wird, daß durch irrige Annahme einer Säumnis das Gesetz verletzt sei[11]. Die §§ 566, 513 Abs. 2 ZPO enthalten ein weiteres Zulässigkeitserfordernis für die Revision gegen ein zweites Versäumnisurteil, setzen im übrigen jedoch die allgemeinen Statthaftigkeitsvoraussetzungen wie bei kontradiktorischen Urteilen — also die Revisionssumme oder die Zulassung — voraus[12]. Wie § 513 Abs. 2 ZPO nicht von § 511 a ZPO befreit, so befreit auch § 566 iVm § 513 Abs. 2 ZPO nicht von §§ 546, 547 ZPO. Gegen die ersten Versäumnisurteile der

---

[4] Zur Statthaftigkeit der Revision gegen Endurteile ausführlich: *Stein / Jonas / Grunsky*, § 545 ZPO, Anm. I iVm § 511 ZPO, Anm. I 1.
Zum ArbGG: *Dietz / Nikisch*, § 72 ArbGG, Rdn. 5.

[5] Vgl. dazu ausführlich: *Stein / Jonas / Grunsky*, § 545, Anm. I iVm § 511 ZPO, Anm. I 2.
Zum ArbGG: *Dietz / Nikisch*, § 72 ArbGG, Rdn. 9.

[6] § 64 Abs. 3 iVm § 61 Abs. 5 ArbGG; dazu *Dietz / Nikisch*, § 72 ArbGG, Rdn. 10; anders jedoch, wenn gleichzeitig über ein Feststellungsbegehren hinsichtlich weiteren Schadens entschieden wird: BAG, MDR 1967, 1041.

[7] Zur Unstatthaftigkeit der Revision gegen solche Urteile eingehend: *Stein / Jonas / Grunsky*, § 545 ZPO, Anm. II.

[8] Vgl. im einzelnen: *Dietz / Nikisch*, § 72 ArbGG, Rdn. 11; *Dersch / Volkmar*, § 72 ArbGG, Rdn. 13.

[9] Zur Anwendbarkeit von § 566 ZPO im Arbeitsgerichtsprozeß: *Dietz / Nikisch*, § 72 ArbGG, Rdn. 13; *Dersch / Volkmar*, § 72 ArbGG, Rdn. 12.

[10] Ferner der praktisch wenig bedeutsame Fall der Ablehnung der Wiedereinsetzung in den vorigen Stand durch Versäumnisurteil, § 238 Abs. 2 ZPO; vgl. dazu *Stein / Jonas / Grunsky*, § 513 ZPO, Anm. II 1.

[11] BAG, NJW 1973, 870; *Wieczorek*, § 566 ZPO, Anm. B I; *Stein / Jonas / Grunsky*, § 566 ZPO, Anm. II 1.

[12] BAG, aaO; RAG, ARS 19, 263 mit zust. Anm. *Volkmar*; *Stein / Jonas / Grunsky*, § 566 ZPO, Anm. II 1 iVm § 513 ZPO, Anm. II; *Dietz / Nikisch*, § 59 ArbGG, Rdn. 14.

I. Zulassungsfähige Entscheidungen

Oberlandes- bzw. Landesarbeitsgerichte[13] findet somit keine Revision statt, eine Zulassung ist unzulässig.

Wie im Zivilprozeß ist im allgemeinen Verwaltungsprozeß eine in bezug auf Zwischenurteile mit Ausnahme der Zwischenurteile über die Zulässigkeit der Klage, § 109 VwGO, und bei Leistungsklagen der Zwischenurteile über den Grund des Anspruchs, § 111 VwGO[14] ausgesprochene Revisionszulassung unzulässig. Gleichfalls unzulässig ist sie bei Beschlüssen, insbesondere solchen im Normenkontrollverfahren nach § 47 VwGO[15]. Schließlich sind gemäß §§ 136 VwGO, 117 FGO Urteile, die über die Rechtmäßigkeit einer einstweiligen Anordnung entscheiden, nicht revisionsfähig. Alle anderen Entscheidungen der Oberverwaltungs- bzw. der Finanzgerichte hingegen sind revisions- und damit zulassungsfähig.

Für die Zulassung der Revision nach § 219 BEG gilt das zur ZPO Gesagte entsprechend, insbesondere ist § 545 Abs. 2 ZPO auch hier anwendbar[16].

Die Zulassung der Rechtsbeschwerde nach § 92 Abs. 1 ArbGG ist nur im Beschlußverfahren nach §§ 80 ff. ArbGG und nur in verfahrensbeendenden Beschlüssen des Landesarbeitsgerichts zulässig, also unzulässig in verfahrensleitenden Beschlüssen des Gerichts oder seines Vorsitzenden[17]. Nach GWB und im LwVG darf die Rechtsbeschwerde nur gegen die in der Hauptsache erlassenen Beschlüsse des Oberlandesgerichts zugelassen werden, §§ 73 Abs. 1 GWB, 24 Abs. 1 LwVG; im Verfahren in Patentsachen nach § 41 p PatentG nur gegen Beschlüsse der Beschwerdesenate des Patentgerichts, durch die über eine Beschwerde nach § 36 l PatentG entschieden wird[18]. Ähnlich sind im Verfahren nach dem WZG und GebrauchsmusterG zulassungsfähig nur Beschlüsse der Beschwerdesenate des Patentgerichts, §§ 13 Abs. 5 WZG, 10 Abs. 5 GebrauchsmusterG; im OWiG schließlich nach § 79 Abs. 1 Satz 2 OWiG nur Urteile, Beschlüsse nach § 72 OWiG dagegen nicht[19].

---

[13] Dazu: § 542 ZPO, § 64 Abs. 2 Satz 1 ArbGG iVm § 542 ZPO.
[14] Allgemein zur Statthaftigkeit der Revision in der VwGO vgl.: *Eyermann / Fröhler*, § 132 VwGO, Rdn. 5; insbesondere zu den revisionsfähigen Entscheidungen BVerwG, NJW 1954, 734; BVerwG VerwRspr. 14, 380.
[15] § 152 Abs. 1 VwGO; zur Unstatthaftigkeit der Revision gegen Normenkontrollbeschlüsse: BVerwGE 3, 143 (betr. § 25 VGG); *Eyermann / Fröhler*, § 132 VwGO, Rdn. 5 iVm § 47 VwGO, Rdn. 46; *Redeker / von Oertzen*, § 47 VwGO, Rdn. 16.
[16] BGH, MDR 1960, 121 f.; *Blessin / Giessler*, Bundesentschädigungsgesetz, 1967, § 219 BEG, Anm. III 1.
[17] Dazu im einzelnen *Dietz / Nikisch*, § 92 ArbGG, Rdn. 4 ff.; *Dersch / Volkmar*, § 92 ArbGG, Rdn. 2 iVm § 87 ArbGG, Rdn. 2.
[18] Vgl. dazu im einzelnen: *Klauer / Möhring*, 3. Aufl. 1971, § 41 p PatentG Rdn. 2 f.
[19] Dazu *Göhler*, 3. Aufl. 1973, § 79 OWiG, Anm. 2 F iVm § 72 OWiG Anm. 8.

2. Bei Berufung, weiterer Beschwerde und Revisionsbeschwerde

Berufungszulassungsfähig sind im Arbeitsgerichtsprozeß nach § 64 Abs. 1 ArbGG nur Endurteile der Arbeitsgerichte und Zwischenurteile über prozeßhindernde Einreden[20], nicht dagegen solche Entscheidungen, die nur mit sofortiger Beschwerde anfechtbar sind[21]. Im sozialgerichtlichen Verfahren sind es alle Endurteile der Sozialgerichte, § 143 SGG[22], insbesondere auch Grundurteile nach § 130 SGG, die im Gegensatz zu § 304 ZPO nach herrschender Meinung keine Zwischen-, sondern Endurteile sind[23]. Die weitere Beschwerde nach §§ 14 Abs. 3 Satz 2, 156 Abs. 2 Satz 1, 2 KostenO darf nur in Beschwerdeentscheidungen des Landgerichts zugelassen werden. Schließlich ist die Revisionsbeschwerde nach §§ 77 ArbGG, 125 Abs. 2 Satz 4 VwGO vom Landesarbeits- bzw. Oberverwaltungsgericht nur in Beschlüssen zuzulassen, in denen die Berufung als unzulässig verworfen wird.

II. Erheblichkeit der Zulassung als Zulässigkeitsvoraussetzung?

Bei der Frage, ob ein Rechtsmittel gegen eine Entscheidung ohne Zulassung (ex lege) stattfindet oder einer richterlichen Zulassung bedarf, handelt es sich nicht um eine Zulässigkeitsvoraussetzung der Zulassung. Eine Zulassung in bezug auf eine Entscheidung, gegen die ein Rechtsmittel ohne Zulassung stattfindet, ist nicht unzulässig; sie ist lediglich unerheblich in dem Sinne, daß es für die Statthaftigkeit des Rechtsmittels auf sie nicht ankommt[24].

Im Zweifel sollte der judex a quo bei Vorliegen der Zulassungsvoraussetzungen vorsorglich die Zulassung aussprechen (Eventualentscheidung). Dadurch wird vermieden, daß der judex ad quem das Rechtsmittel verwirft, weil die seiner Meinung nach erforderliche Zulassung fehlt, was in Verfahrensordnungen ohne Nichtzulassungsbeschwerde oder nach Ablauf der Beschwerdefrist unkorrigierbar wäre.

---

[20] § 275 Abs. 2 ZPO ist auch hier anwendbar: *Dietz / Nikisch*, § 64 ArbGG, Rdn. 7.

[21] Vgl. dazu im einzelnen *Dietz / Nikisch*, § 64 ArbGG, Rdn. 5; *Dersch / Volkmar*, § 64 ArbGG, Rdn. 12.

[22] Vgl. *Mellwitz*, BB 1954, 490.

[23] *Bettermann*, NJW 1959, 66, 67; *Siegmund*, SozGerbkt. 1957, 198, 199; *Peters / Sautter / Wolff*, § 130 SGG, Anm. 2; *Mellwitz*, § 130 SGG, Rdn. 4; *Dapprich*, Das sozialgerichtliche Verfahren, 1959, S. 114 f.
A. A. BSGE 5, 60, 64; *Haueisen*, NJW 1957, 1657, 1658; *Rohwer / Kahlmann*, § 130 SGG, Rdn. 9.

[24] Siehe dazu oben § 2, 3.

III. Die gesetzlichen Zulassungsgründe

Bei zulassungsfähigen Entscheidungen hängt die Zulässigkeit der Rechtsmittelzulassung vom Vorliegen eines gesetzlichen Zulassungsgrundes ab. Die einschlägigen Vorschriften kennen im wesentlichen[25] zwei Zulassungsgründe: grundsätzliche Bedeutung und Divergenz.

1. Die Zulassung wegen grundsätzlicher Bedeutung

Sie gibt es in allen Verfahrensordnungen und bei allen Rechtsmitteln, die das Zulassungsprinzip kennen[26] und ist die logische Konsequenz ihres Zweckes, die Rechtsmittelgerichte von solchen Streitigkeiten zu entlasten, die für die Wahrung der Rechtseinheit oder für die Rechtsfortbildung keine Bedeutung haben. Dies ist bei der Auslegung des Begriffs der „grundsätzlichen Bedeutung" zu berücksichtigen.

a) *Rechtssache oder Rechtsfrage?*

In der Bezeichnung dessen, was grundsätzliche Bedeutung haben muß, weichen die einschlägigen Vorschriften voneinander ab: die Rechtssache[27, 28], die Rechtsfrage[29] bzw. die zur Entscheidung stehende Frage[30].

Ob es sich hierbei nur um terminologische Abweichungen oder um einen sachlichen Unterschied handelt, ist bestritten. Teilweise wird ein

---

[25] Über andere Zulassungsgründe vgl. unten § 3 A III 4.
[26] § 80 Abs. 1 OWiG nennt als einzige Vorschrift nicht die „grundsätzliche Bedeutung" als Zulassungsgrund, sondern die Zulassung zur Ermöglichung der Nachprüfung der Entscheidung zur Fortbildung des Rechts oder zur Sicherung einer einheitlichen Rechtsprechung; zum inhaltlichen Unterschied vgl. unten S. 51.
[27] So für die Zulassung der Revision: §§ 546 Abs. 2 Satz 1 ZPO, 69 Abs. 3 Satz 1 ArbGG, 132 Abs. 2 Nr. 1 VwGO, 115 Abs. 2 Nr. 1 FGO, § 160 Abs. 2 Nr. 1 SGG; § 81 Abs. 1 Satz 2 Nr. 1 DRiG; für die Zulassung der Rechtsbeschwerde: §§ 91 Abs. 3 Satz 1 ArbGG, 24 Abs. 1 Satz 2 LwVG; für die Zulassung der Berufung: §§ 64 Abs. 1 ArbGG; 150 Nr. 1 SGG, 46 Abs. 2 BundesleistungsG iVm § 131 Abs. 2 Nr. 1 VwGO, § 10 Abs. 2 G über unentgeltliche Beförderung iVm § 131 Abs. 2 Nr. 1 VwGO, § 33 Abs. 1 Satz 2 des 2. WohngeldG; für die Zulassung der Revisionsbeschwerde: §§ 77 Satz 1 ArbGG, 125 Abs. 2 Satz 4 iVm § 132 Abs. 2 Nr. 1 VwGO.
[28] § 339 Abs. 1 LAG (einschließlich der darauf verweisenden §§ 38 Abs. 1 FeststellungsG, 39 Abs. 1 Beweissicherungs- u. FeststellungsG), § 23 Abs. 1 KriegsgefangenenentschädigungsG sprechen dagegen nur von „Sache".
[29] So für die Zulassung der Revision: §§ 219 Abs. 2 Nr. 1 BEG, 34 Abs. 2 Satz 2 WehrpflG, 75 Abs. 2 Satz 2 ErsatzdienstG, 145 Abs. 2 BRAO, 127 Abs. 2 PatentAO; für die Zulassung der Rechtsbeschwerde: §§ 73 Abs. 2 Nr. 1 GWB, 41 p Abs. 2 Nr. 1 PatentG, 13 Abs. 5 Satz 2 WZG iVm § 41 p Abs. 2 Nr. 1 PatentG, 10 Abs. 5 Satz 2 GebrauchsmusterG iVm § 41 p Abs. 2 Nr. 1 PatentG.
[30] So für die Zulassung der weiteren Beschwerde: §§ 14 Abs. 3 Satz 2, 156 Abs. 2 Satz 2 KostenO.

sachlicher Unterschied darin gesehen, daß „Rechtssache" im Gegensatz zu „Rechtsfrage" „nicht ausschließlich ein abstraktes wissenschaftliches Problem ist, sondern der in konkrete Lebensbeziehungen eingebettete juristische Gehalt eine Rechtsstreits"[31]. Bei grundsätzlicher Bedeutung der Rechtsfrage soll es also nicht auf die Bedeutung des konkreten Rechtsstreits insgesamt ankommen, sondern auf die einer oder mehrerer Rechtsfragen aus diesem Rechtsstreit[32].

Berücksichtigt man die geschichtliche Entwicklung einiger Zulassungsvorschriften und zieht man alle einschlägigen Bestimmungen heran, dann muß man zu dem Schluß kommen, daß der Gesetzgeber den verschiedenen Begriffen keine verschiedene Bedeutung beigemessen hat. Insbesondere ist nicht erkennbar, mit welchem Inhalt und nach welcher Konzeption er die Begriffe verwendet hat.

Dafür spricht einmal ein Vergleich geltender Vorschriften mit ihren Vorläufern. Während § 69 Abs. 3 ArbGG von 1926[33] von grundsätzlicher Bedeutung des „Rechtsstreits" sprach, redet § 69 Abs. 3 Satz 1 des geltenden ArbGG von „Rechtssache". Eine sachliche Änderung war damit jedoch nicht beabsichtigt[34]. Gleiches findet sich bei § 53 Abs. 2 lit. a) BVerwGG (Rechtsfrage) und § 132 Abs. 2 Nr. 1 VwGO (Rechtssache). Auch hier sollte sachlich nichts geändert, sondern nur der Wortlaut der VwGO an den von § 546 Abs. 2 Satz 1 ZPO angepaßt werden[35].

Das BSG sieht den Unterschied darin, daß eine Rechts*sache* unter Umständen grundsätzliche Bedeutung auch dadurch erhalten könne, daß ihr ein überdurchschnittliches wirtschaftliches Gewicht zukomme und dies es dann rechtfertige, den Weg der Berufung zu einer weiteren Tatsachen- und Rechtsinstanz freizugeben. Dagegen könne die wirtschaftliche Lage des Einzelfalles, wenn die grundsätzliche Bedeutung von Rechts*fragen* in der Richtung zu prüfen und abzuwägen sei, ob der Zugang zur reinen Rechtsinstanz eröffnet werden soll, keine Rolle spielen[36]. Das BSG sieht demnach den Unterschied in der Wesensverschiedenheit von Berufung und Revision[37]. Was im Hinblick auf den Zweck des Berufungsverfahrens die Zulassung wegen grundsätzlicher Bedeu-

---

[31] *Herschel*, RdA 1956, 41; ihm folgend *Savaète*, AuR 1962, 264, 267 u. *Brill*, AuR 1966, 78, 80 f.
[32] *Ule*, § 53 BVerwGG, Anm. 2 a durch Gegenüberstellung von § 546 Abs. 2 Satz 1 ZPO (Rechtssache) und § 53 Abs. 2 lit. a BVerwGG (Rechtsfrage).
[33] RGBl. I, S. 507.
[34] *Depenbrock*, RdA 1958, 407 mit Fußn. 7 unter Hinweis auf die Materialien.
[35] Dazu *Baring*, DVBl. 1961, 351; *Maetzel*, MDR 1961, 453; weitere Beispiele bei *Vorndran*, S. 66.
[36] BSGE 2, 45, 47 f.; ferner BSGE 2, 171, 174; BSG, NJW 1964, 1823, 1824; BSG, BVBl. 1964, 152.
[37] So auch *Weyreuther*, Rdn. 57.

tung rechtfertigt, braucht nicht ohne weiteres auch die Zulassung der Revision zu rechtfertigen.

Für meine These spricht noch folgende Tatsache: in zahlreichen Verfahrensordnungen wird die Zulassung der Revision oder Rechtsbeschwerde — also der Zugang zur reinen Rechtsinstanz — von der grundsätzlichen Bedeutung der „Rechtssache" abhängig gemacht[38]. Würde man einen gewollten Unterschied in der abweichenden Terminologie sehen und nicht bei Auslegung der „grundsätzlichen Bedeutung" nach dem zuzulassenden Rechtsmittel differenzieren, so wären die Zulassungsvoraussetzungen trotz gleichen Rechtsmittels in den einzelnen Verfahrensordnungen zum Teil andere. So dürfte dann z. B. die Revision im Zivilprozeß nur bei grundsätzlicher Bedeutung des Prozesses („Rechtssache")[39] zugelassen werden, während im Verfahren nach dem BEG die Grundsätzlichkeit einer Rechtsfrage aus dem Prozeß ausreichen würde[40]. Auf der anderen Seite wäre die Berufung im SGG und ArbGG unter den gleichen Voraussetzungen zuzulassen wie die Revision z. B. im Zivil-, Verwaltungs- und Sozialgerichtsprozeß („Rechtssache"[41]), d. h. eine einzelne grundsätzliche Rechtsfrage würde nicht ausreichen.

Aus diesen Gründen muß man also davon ausgehen, daß in der verschiedenen gesetzlichen Umschreibung dessen, was grundsätzliche Bedeutung haben muß, kein gewollter sachlicher Unterschied zu sehen ist[42].

Auch die Hervorhebung der grundsätzlich bedeutsamen Fragen der (patent)anwaltlichen Berufspflichten in §§ 145 Abs. 2 BRAO, 127 Abs. 2 PatentAO bedeutet m. E. keine Einengung der Zulassungspflicht auf diese speziellen Rechtsfragen. Ich meine, diese etwas unglücklich formulierten Vorschriften sind so zu lesen, daß Rechtsfragen (allgemein) von grundsätzlicher Bedeutung oder grundsätzlich bedeutsame Fragen der (patent)anwaltlichen Berufspflichten (speziell) die Zulassungspflicht des judex a quo begründen. Die in diesen Verfahren im Vordergrund stehenden und deshalb besonders hervorgehobenen speziellen Rechtsfragen stellen nur einen Unterfall der allgemeinen Rechtsfragen dar.

---

[38] So in §§ 546 Abs. 2 Satz 1 ZPO, 69 Abs. 3 Satz 1, 91 Abs. 3 Satz 1 ArbGG, 132 Abs. 2 Nr. 1 VwGO, 115 Abs. 2 Nr. 1 FGO, 160 Abs. 2 Nr. 1 SGG, 81 Abs. 1 Satz 2 Nr. 1 DRiG, 24 Abs. 1 Satz 2 LwVG.
[39] Vgl. § 546 Abs. 2 Satz 1 ZPO.
[40] Vgl. § 219 Abs. 2 Nr. 1 BEG.
[41] Vgl. §§ 150 Nr. 1 SGG, 64 Abs. 1 ArbGG, 546 Abs. 2 Satz 1 ZPO, 132 Abs. 2 Nr. 1 VwGO, 160 Abs. 2 Nr. 1 SGG.
[42] Wie hier: *Baring*, DVBl. 1961, 349, 351; *Depenbrock*, RdA 1958, 407, 408; *Hanack*, S. 49 Anm. 238; *Maetzel*, MDR 1961, 453; *Paulus*, ZZP 71, 188, 201; *Vorndran*, S. 65 f.; *Weyreuther*, Rdn. 57; *Eyermann / Fröhler*, § 132 VwGO, Rdn. 13.
a. A. *Pritsch*, MDR 1948, 76, 77.

Wenn ein gewollter Unterschied in der Verwendung der Begriffe „Rechtssache" und „Rechtsfrage" nicht zu sehen ist, so folgt daraus aber keineswegs, daß die Zulassungsvoraussetzungen bei allen Rechtsmitteln die gleichen sind. Was an Unterschieden in bezug auf Aufgabe und Zweck der einzelnen Rechtsmittel vom judex a quo bei der Grundsatzzulassung zu berücksichtigen ist, muß bei der Auslegung des Begriffs der „grundsätzlichen Bedeutung" erfolgen[43].

b) Rechtsgebundenheit oder Ermessen des judex a quo?

In der Regel handelt es sich bei allen Zulassungsgründen um gebundene Zulassungen. Der judex a quo ist bei Vorliegen eines gesetzlichen Zulassungsgrundes verpflichtet, das betreffende Rechtsmittel zuzulassen. Das folgt aus den Formulierungen des Gesetzes: „hat zuzulassen"[44] bzw. „muß zulassen"[45], „das Rechtsmittel ist zuzulassen"[46] bzw. „die Zulassung kann nur verweigert werden"[47]. Ausnahmen bilden die Zulassung der Revision wegen grundsätzlicher Bedeutung nach §§ 546 Abs. 2 Satz 1 ZPO, 69 Abs. 3 Satz 1 ArbGG und die Zulassung der Berufung nach § 61 Abs. 3 Satz 1 ArbGG. Dort ist dem judex a quo echtes Handlungsermessen eingeräumt. Dies folgt für §§ 546 Abs. 2 Satz 1 ZPO, 69 Abs. 3 Satz 1 ArbGG aus dem Vergleich der Zulassung wegen grundsätzlicher Bedeutung (§ 546 Abs. 2 Satz 1 ZPO: „darf nur zulassen", § 69 Abs. 3 Satz 1 ArbGG: „kann zulassen") mit der Divergenzzulassung (§ 546 Abs. 2 Satz 2 ZPO: „hat zuzulassen", § 69 Abs. 3 Satz 2 ArbGG: „muß zulassen"). Daraus ergibt sich, daß die Gebundenheit des judex a quo bei beiden Zulassungsgründen vom Gesetz als verschieden behandelt wird. Bei grundsätzlicher Bedeutung soll der judex a quo zwar befugt, nicht jedoch, wie bei Divergenz, verpflichtet sein, die Revision zuzulassen. Für die Berufungszulassung nach § 61 Abs. 3 Satz 1 ArbGG („kann zulassen") folgt das Handlungsermessen aus dem Vergleich mit den in Satz 2, 3 dieser Vorschriften aufgezählten drei Fällen grundsätzlicher Bedeutung („soll zulassen"), wo die Zulassung dem Arbeitsgericht zur Pflicht gemacht ist[48]. Rechtsprechung und herrschende Lehre räumen

---

[43] Siehe dazu unten § 3 A III d.
[44] So § 546 Abs. 2 Satz 2 ZPO.
[45] So §§ 69 Abs. 3 Satz 2, 91 Abs. 3 Satz 2 iVm § 69 Abs. 3 Satz 2 ArbGG.
[46] So §§ 132 Abs. 2 VwGO, 160 Abs. 2, 150 Nr. 1 2. Halbs. SGG, 115 Abs. 2 FGO, 81 Abs. 1 Satz 2 DRiG, 73 Abs. 2 GWB, 41 p PatentG; §§ 13 Abs. 5 Satz 2 WZG, 10 Abs. 5 Satz 2 GebrauchsmusterG (jeweils iVm § 41 p Abs. 2 PatentG), §§ 46 Abs. 2 BLG, 10 Abs. 2 G über unentgeltliche Beförderung (jeweils iVm § 131 Abs. 2 VwGO), § 33 Abs. 1 Satz 2 2. WohngeldG.
[47] So §§ 34 Abs. 2 Satz 2 WehrpflG, 75 Abs. 2 Satz 2 ErsatzdienstG.
[48] *Dietz / Nikisch*, § 61 ArbGG, Rdn. 24; *Dersch / Volkmar*, § 61 ArbGG, Rdn. 74 ff.; *Brill*, AuR 1966, 78, 80.

III. Zulassungsgründe — 1. Grundsätzliche Bedeutung

demzufolge in all diesen Fällen dem judex a quo Handlungsermessen ein[49]. Da es hier durchweg keine Nichtzulassungsbeschwerde gibt, ist die Frage des Ermessens nur für den judex a quo bei der Zulassung, nicht auch für den judex ad quem bei der Nachprüfung der Nichtzulassung bedeutsam.

Die Einräumung von Handlungsermessen bei der Rechtsmittelzulassung stößt jedoch auf verfassungsrechtliche Bedenken. Das Bundesverfassungsgericht hält zwar § 546 Abs. 2 Satz 1 ZPO für vereinbar mit dem Rechtsstaatsprinzip, weil der Gesetzgeber ohne Verstoß dagegen die Revision völlig versagen, er demzufolge die Zulassung der Revision auch in das Ermessen des Berufungsgerichts stellen könne[50]. Jedoch nicht die Rechtsweggarantie des Art. 19 Abs. 4 GG, sondern Art. 101 Abs. 1 Satz 2 GG — das Verbot der Richterentziehung — ist die Verfassungsnorm, an der § 546 Abs. 2 Satz 1 ZPO richtigerweise zu messen war. Zutreffend ist, daß der Gesetzgeber von Verfassungs wegen nicht verpflichtet ist, den Prozeßparteien eine Rechtsmittelinstanz zur Verfügung zu stellen[51]. Das kann jedoch nicht heißen, daß er die justiziellen Grundrechte nicht zu beachten braucht, wenn er es dennoch tut. *Bettermann* hat nachgewiesen, daß die Einräumung von Handlungsermessen bei der Rechtsmittelzulassung gegen Art. 101 Abs. 1 Satz 2 GG verstößt[52], die Zulassung der Revision[53] als richterliche Zuständigkeitsbestimmung falle unter den in Art. 101 Abs. 1 Satz 2 GG enthaltenen Vorbehalt des Gesetzes; zwar dürfe der Gesetzgeber ohne Verstoß gegen Art. 101 Abs. 1 Satz 2 GG die Revision von einer Zulassung durch den judex a quo abhängig machen, jedoch nur, wenn und soweit er ihm dabei kein Handlungsermessen einräume, weil jede Form richterlicher Willkür ausgeschaltet werden müsse; der Gesetzgeber müsse normieren, in welchen Fällen der judex a quo die Revision zulassen muß und in welchen

---

[49] BGHZ 2, 396, 398; BAGE 2, 26, 27 f.; 3, 46, 48; OLG Köln, NJW 1960, 2150, 2151.
Stein / Jonas / Grunsky, § 546 ZPO, Anm. VI 2 b; *Wieczorek*, § 546 ZPO, Anm. A I b 3; *Dietz / Nikisch*, § 69 ArbGG, Rdn. 20; *Dersch / Volkmar*, § 61 ArbGG, Rdn. 74; *Baur*, JZ 1953, 326, 329; *Berger*, NJW 1954, 1188, 1189; *Herschel*, RdA 1956, 41 f.; *Schneider*, ZZP 65, 468, 469; *Paulus*, ZZP 71, 188, 201; *Savaète*, AuR 1962, 264. 268: *Schröder*. DÖV 1962, 567, 569; *Brill*, AuR 1966; 78; *Weyreuther*, Rdn. 45; *Müller*, Festschrift für Herschel, S. 160; *Vorndran*, S. 65, 68.
A. A. *Kuchinke*, S. 41; *Feyock*, S. 115 f. unter Heranziehung der Entstehungsgeschichte und der Vorläufer von § 546 Abs. 2 ZPO.
[50] BVerfGE 19, 323, 328.
[51] Stdg. Rspr. des BVerfG: BVerfGE 4, 74, 94 f.; 4, 387, 411; 6, 7, 12; 11, 323, 233; 28, 21, 36, und allgemeine Meinung: vgl. *Dürig* in *Maunz / Dürig / Herzog*, Art. 19 Abs. 4 GG, Rdn. 45 m. w. N.
[52] *Bettermann*, Die Unabhängigkeit der Gerichte und der gesetzliche Richter, Die Grundrechte, Bd. III, S. 570 f.
[53] Und entsprechend die Zulassung der übrigen Rechtsmittel.

Fällen er es nicht darf. Wo die Zulassungsnormen des geltenden Rechts Zweifel lassen, ob sie dem judex a quo Handlungsermessen einräumen, seien sie verfassungskonform dahin auszulegen, daß sie es nicht tun[54].

Somit sind die §§ 546 Abs. 2 Satz 1 ZPO, 61 Abs. 3 Satz 1, 69 Abs. 3 Satz 1 ArbGG verfassungskonform dahin zu verstehen, daß der judex a quo bei grundsätzlicher Bedeutung das betreffende Rechtsmittel zulassen muß. Der Entwurf des Revisionsänderungsgesetzes[55] macht die Revisionszulassung wegen grundsätzlicher Bedeutung im Zivil- und Arbeitsgerichtsprozeß dem judex a quo zur Pflicht[56], allerdings nicht aus verfassungsrechtlichen Gründen, sondern wegen der beabsichtigten Einführung der Nichtzulassungsbeschwerde[57].

c) Verschiedenes Maß an grundsätzlicher Bedeutung

Schließlich gibt es auch Unterschiede in den Anforderungen an die grundsätzliche Bedeutsamkeit. In der Regel wird die Zulassung von der grundsätzlichen Bedeutung abhängig gemacht. Eine Ausnahme bilden die §§ 34 Abs. 2 Satz 2 WehrpflichtG, 75 Abs. 2 Satz 2 ErsatzdienstG. Danach kann die Zulassung nur verweigert werden, wenn offensichtlich eine Klärung grundsätzlicher Rechtsfragen nicht zu erwarten ist. Diese negative Fassung enthält eine Abweichung in der Sache gegenüber den übrigen Vorschriften[58]. Während dort die grundsätzliche Bedeutung positiv vorliegen muß, genügt in Wehrpflicht- und Ersatzdienstsachen die Möglichkeit der Grundsätzlichkeit und ihrer Klärung[59]. Nur wenn die Klärung offensichtlich nicht zu erwarten ist, muß die Zulassung verweigert werden. Die geringeren Anforderungen, die hier gegenüber dem allgemeinen Verwaltungsprozeß[60] gestellt werden, erklären sich wohl damit, daß es in Wehrpflicht- und Ersatzdienstsachen keine Berufung gibt, so daß den Prozeßparteien der Zugang zur Revisionsinstanz als einziger Kontrollinstanz erleichtert werden soll.

---

[54] Bettermann, (Fußnote 52), S. 570 f.; ihm folgend Henkel, Der gesetzliche Richter, Diss. Göttingen, 1968, § 138; Marx, Der gesetzliche Richter im Sinne von Art. 101 Abs. 1 Satz 2 GG, Diss. Köln, 1969, S. 100 f.

[55] Bundesrats-Drucksache 2/72 vom 3. Januar 1972.

[56] Vgl. § 545 Abs. 2 ZPO idF von Art. 1 Ziff. 2 und § 72 Abs. 2 ArbGG idF von Art. 4 Ziff. 2 des Entwurfs des RevisionsänderungsG.

[57] Begründung der Bundesregierung, S. 19 f.

[58] Weyreuther, Rdn. 56.

[59] BVerwG, DÖV 1961, 226, 227; Hahnenfeld, Kommentar zum Wehrpflichtgesetz, 1969, § 34 WPflG, Rdn. 6.

[60] Vgl. § 132 Abs. 2 Nr. 1 VwGO, wonach die grundsätzliche Bedeutung positiv vorliegen muß.

d) Grundsätzliche Bedeutung als allgemeine Bedeutung

Wie jeder unbestimmte Rechtsbegriff ist auch der Begriff der „grundsätzlichen Bedeutung" auslegungsfähig und -bedürftig, um ihn für die Anwendung im Einzelfall subsumtionsfähig zu machen[61].

Außer für die Rechtsmittelzulassung ist „grundsätzliche Bedeutung" Voraussetzung für die Anrufung des Großen Senats eines obersten Bundesgerichts durch den erkennenden Senat[62]. Eine Parallele besteht auch zu § 90 Abs. 2 Satz 2 BVerfGG[63], wonach das BVerfG eine Verfassungsbeschwerde u. a. dann vor Erschöpfung des Rechtswegs entscheiden kann, wenn sie von „allgemeiner Bedeutung" ist. Wird „allgemeine Bedeutung" in § 90 Abs. 2 Satz 2 BVerfGG als grundsätzliche Bedeutung der aufgeworfenen Verfassungsfragen verstanden[64], so heißt „grundsätzliche Bedeutung" im Sinne der Vorschriften über die Rechtsmittelzulassung: allgemeine Bedeutung[65]. Die Begriffe „allgemeine Bedeutung" und „grundsätzliche Bedeutung" werden also synonym verwendet.

Damit werden solche Rechtssachen von der Grundsatzzulassung ausgeschlossen, die keiner Verallgemeinerung zugänglich sind[66]. Das ist dann der Fall, wenn es lediglich um die einzelfall-bezogene Anwendung bereits erarbeiteter Grundsätze oder hinreichend geklärter Bestimmungen geht[67]. Ferner, wenn es nur auf die rechtliche Würdigung der besonderen Verhältnisse des konkreten Falles oder der erbrachten Beweise ankommt[68].

Umschreibt man „grundsätzliche Bedeutung" mit „allgemeiner Bedeutung", so ist damit allerdings noch nicht gesagt, welches Maß an

---

[61] Dies bestreiten *Paulus*, ZZP 71, 188, 211; *Hanack*, S. 50 f.; wie hier *Ule*, § 132 VwGO, Anm. I 2 a; *Weyreuther*, Rdn. 59; einschränkend *König*, MDR 1956, 129, 130 (Begriff nur in seinen Umrissen definierbar).

[62] Vgl. §§ 137 GVG, 45 Abs. 2 Satz 2 ArbGG, 11 Abs. 4 VwGO, 43 SGG, 11 Abs. 4 FGO.

[63] Darauf hat erstmals *Bettermann*, AÖR 86, 129, 150 Anm. 31 hingewiesen.

[64] So BVerfGE 4, 7, 11 f.; 10, 302, 308; 19, 268, 273; 27, 88, 97 f.; *Bettermann*, AÖR 86, 150.

[65] BVerwGE 13, 90, 92; BFH 86, 791; 87, 27, 28. *Weyreuther*, Rdn. 60, 83; *Depenbrock*, RdA 1958, 407; *Romeiß*, S. 15; *Müller*, Festschrift für Herschel, S. 160; *Dietz / Nikisch*, § 69 ArbGG, Rdn. 20.
Kritisch dazu: *Frey*, AuR 1955, 84 f.

[66] BAGE 2, 26, 28; BVerwG, NJW 1962, 832; BSG, NJW 1962, 2174, 2175; *Stein / Jonas / Grunsky*, § 546 ZPO, Anm. VI 2 a; *Fögen*, S. 284, 292; *Romeiß*, S. 15; *Weyreuther*, Rdn. 60.

[67] So etwa in OVG Münster, DÖV 1961, 315; BFH 86, 708, 709 f.; 97, 293, 294.

[68] BGH RzW 1961, 470; BAG AP Nr. 3 zu § 72 ArbGG (Zulassungsrevision) mit insoweit zustimmender Anm. *Schumann*; BAG AP Nr. 18 zu § 72 ArbGG; BVerwG, JR 1969, 353; *Weyreuther*, Rdn. 61.

§ 3. A. Materiell-rechtliche Zulässigkeit der Rechtsmittelzulassung

Verallgemeinerungsfähigkeit die betreffende Rechtssache aufweisen muß. Gerade hierbei gibt es wesentliche graduelle Unterschiede. Teilweise wird gesagt, allgemeine Bedeutung erfordere Bedeutung für eine Reihe anderer, gleichgelagerter Fälle[69] bzw. müsse einen größeren Kreis berühren[70]. Andere dagegen sprechen davon, daß das Interesse der Gesamtheit berührt sein müsse[71], fordern also eine viel weitergehende allgemeine Bedeutung.

Das erforderliche Maß an „allgemeiner Bedeutung" läßt sich jedoch nicht einheitlich bestimmen[72]. Dient das Institut richterlicher Rechtsmittelzulassung dazu, die Rechtsmittelgerichte zu entlasten und sie auf ihre eigentlichen Aufgaben zu konzentrieren[73], so müssen Zweck des Rechtsmittels und Aufgabe des Rechtsmittelgerichts bei Auslegung des Begriffs der grundsätzlichen = allgemeinen Bedeutung berücksichtigt werden. Also kommt es für das Maß an Verallgemeinerungsfähigkeit einmal auf die Art des zuzulassenden Rechtsmittels an[74], also darauf, ob die Zulassung den Weg zu einer reinen Rechtsinstanz (Revision, Rechtsbeschwerde, weitere Beschwerde) oder zu einer weiteren Tatsachen- und Rechtsinstanz (Berufung) freigibt[75]. Zum anderen ist der Geltungsbereich der vom judex ad quem nachprüfbaren Rechtsnormen erheblich.

aa) „Allgemeine Bedeutung" bei der Zulassung von Revision, Rechtsbeschwerde und weiterer Beschwerde

Bei der Revision, der Rechtsbeschwerde und der weiteren Beschwerde ist die Prüfungsbefugnis des judex ad quem darauf be-

---

[69] So etwa OLG Köln, NJW 1960, 2150, 2151; BVerwG, *Buchholz*, § 132 VwGO, Nr. 26; BSGE 2, 129, 132: BFH 86, 791; *Grave*, VerwArch, 1973, 51, 58; dagegen: BVerwG, NJW 1960, 1587, *Ule*, § 132 VwGO, Anm. I 2 a.

[70] *Müller*, Festschrift für Herschel, S. 160; *Savaète*, AuR 1962, 264, 267; *Dietz / Nikisch*, § 61 ArbGG Rdn. 23.

[71] BAGE 2, 26, 28; BFH 86, 708, 709; 93, 503, 504; 94, 527, 528; 96, 155, 158; 97, 293, 294; *Brill*, AuR 1966, 78, 81; *Eyermann / Fröhler*, § 132 VwGO, Rdn. 14.

[72] Zur Frage, welcher Zeitpunkt für die Beurteilung der Grundsätzlichkeit maßgebend ist: vgl. *Müller*, NJW 1959, 277, 278; BVerwG, NJW 1973, 1014; Problematisch wird dies jedoch nur bei Zulassung durch den judex ad quem auf eine Nichtzulassungsbeschwerde.

[73] Vgl. dazu oben § 1, 4.

[74] Keinen Unterschied machen: *Ule*, § 131 VwGO, Anm. II; *Redeker / von Oertzen*, § 131 VwGO, Rdn. 6; *Schunck / De Clerck*, § 131 VwGO, Anm. 3 a; *Klinger*; § 131 VwGO, Anm. C, wenn sie bei der Kommentierung von § 131 VwGO (Zulassung der Berufung) hinsichtlich des Begriffs der grundsätzlichen Bedeutung auf die Ausführungen zu § 132 VwGO (Zulassung der Revision) verweisen.

[75] Wie hier: *Müller*, Festschrift für Herschel, S. 166; *Savaète*, AuR 1962, 264, 267; ähnlich auch *Romeiß*, S. 14 („an die Revisionszulassung müssen erheblich schärfere Maßstäbe angelegt werden als an die Berufungszulassung").

III. Zulassungsgründe — 1. Grundsätzliche Bedeutung

schränkt, ob die angefochtene Entscheidung das Gesetz verletzt[76]. Der Zweck dieser Rechtsmittelverfahren liegt primär darin, die Weiterentwicklung des Rechts zu fördern und die Einheitlichkeit der Rechtsanwendung zu sichern[77]. Diese Verfahren dürfen daher nur dann vom judex a quo zugelassen werden, wenn ihre Durchführung diese Zwecke erfüllen kann. Die Rechtsfrage(n), derentwegen diese Rechtsmittel zugelassen werden, muß (müssen) also geeignet sein, die Weiterentwicklung des Rechts zu fördern oder die Einheitlichkeit der Rechtsprechung zu sichern[78].

Daraus folgt, daß sich die allgemeine Bedeutung auf den Geltungsbereich der vom judex ad quem nachprüfbaren Rechtsnormen erstrecken muß. Wo Revision und Rechtsbeschwerde nur zur Überprüfung auf die Verletzung von Bundesrecht führen[79], ist eine Bedeutung für den gesamten Geltungsbereich des Bundesrechts erforderlich. Das muß nicht der Geltungsbereich des Grundgesetzes sein, es gibt vielmehr auch regional beschränktes Bundesrecht, wie nicht in Berlin geltendes Bundesrecht und vorkonstitutionelles Recht, das nach Art. 124, 125 GG zu Bundesrecht geworden ist. Wo das Rechtsmittelgericht auch über Landesrecht entscheiden darf und muß[80], genügt eine auf den Geltungsbereich dieser Rechtsnormen beschränkte Bedeutung.

bb) „Allgemeine Bedeutung" bei der Berufungszulassung

Das Berufungsverfahren ermöglicht eine Totalkontrolle der angefochtenen Entscheidung in tatsächlicher und rechtlicher Hinsicht[81]. Das Bestreben nach richtiger Entscheidung steht hier weit stärker im Vordergrund als bei den Rechtsmitteln, die auf eine Rechtskontrolle beschränkt sind. Diesem Umstand müssen die Arbeits- und Sozialgerichte

---

[76] §§ 549 Abs. 1, 550 ZPO, 73 Abs. 1, 93 Abs. 1 ArbGG, 137 Abs. 1, 2 VwGO, 162 SGG, 118 Abs. 1, 2 FGO, 80 Abs. 3 DRiG, 75 Abs. 2 GWB, 41 q Abs. 2 PatentG; §§ 13 Abs. 5 Satz 2 WZG, 10 Abs. 5 Satz 2 GebrMG iVm § 41 q Abs. 2 PatentG; § 27 Abs. 1, 2 LwVG; §§ 14 Abs. 3 Satz 3, 156 Abs. 2 Satz 4 KostenO iVm § 550 ZPO.

[77] Vgl. dazu die zahlreichen Nachweise bei *Baur*, ZZP 71, 161 ff. Anm. 1.

[78] So etwa in BGH, NJW 1954, 110; BAG AP Nr. 3 zu § 72 ArbGG (Zulassungsrevision); BVerwGE 13, 90, 91; BFH 86, 708, 709; 86, 791; 89, 117, 119; 94, 527, 528; 96 155, 158; 97, 293, 294; *Eyermann / Fröhler*, § 132 VwGO, Rdn. 14; *Ule*, § 132 VwGO, Anm. I 2 a; *Redeker / von Oertzen*, § 132 VwGO, Rdn. 5; *Rohwer-Kahlmann*, § 162 SGG, Rdn. 15; *Ziemer / Birkholz*, § 115 FGO, Rdn. 18; *Auffarth*, NJW 1957, 484, 485 f.; *Dahns*, RdA 1956, 288, 289; *Denecke*, RdA 1956, 327; *Romeiß*, S. 15; *Rönitz*, BB 1968, 624, 625.

[79] Vgl. §§ 137 Abs. 1 VwGO, 118 Abs. 1 Satz 1 FGO, 222 BEG.

[80] Vgl. §§ 549 Abs. 1 ZPO, 73 Abs. 1 ArbGG, 162 SGG, 118 Abs. 1 Satz 2 FGO; §§ 146 Abs. 3 BRAO, 128 Abs. 3 PatentAO, 79 Abs. 3 OWiG (jeweils iVm § 337 Abs. 1 StPO); §§ 27 Abs. 1 LwVG, 75 Abs. 2 Satz 1 GWB; 41 p Abs. 2 Satz 1 PatentG und die darauf verweisenden §§ 13 Abs. 5 Satz 2 ZWG, 10 Abs. 5 Satz 2 GebrMG.

[81] Statt aller: *Rosenberg / Schwab*, § 135 I 2 b.

dadurch Rechnung tragen, daß sie von der Zulassung der Berufung in wesentlich weiterem Umfange Gebrauch machen als die Berufungsgerichte bei Zulassung von Revision und Rechtsbescherde[82]. Daher kann die Berufung auch dann zuzulassen sein, wenn Methoden und Möglichkeiten der Sachverhaltensermittlung eine über den konkreten Prozeß hinausgehende Bedeutung haben und deshalb der berufungsgerichtlichen Nachprüfung zugänglich gemacht werden sollen. Auch ein überdurchschnittliches wirtschaftliches Gewicht kann die Zulassung rechtfertigen[83] oder eine nur regional begrenzte Bedeutung für den Bezirk des betreffenden Berufungsgerichts[84].

e) Grundsätzliche Bedeutung und Musterprozeß

Der Begriff der grundsätzlichen — allgemeinen Bedeutung bezieht sich auf die in einem Prozeß auftretenden Rechtsfragen, nicht auf die Lebenswirklichkeit[85]. Die grundsätzliche Bedeutung hängt also nicht davon ab, daß es sich um einen typischen oder gar alltäglichen Sachverhalt handelt[85]. Auch der atypische Sachverhalt kann grundsätzlich bedeutsame Rechtsfragen aufwerfen[87], wie andererseits der typische Sachverhalt nur für die Allgemeinheit unwesentliche Rechtsfragen enthalten kann[88].

Nicht ausschlaggebend sind die tatsächlichen Auswirkungen eines Prozesses für die Zulassung; die grundsätzliche Bedeutung muß vielmehr in rechtlicher Hinsicht gegeben sein[89]. Daraus ergibt sich auch die Behandlung des sog. Musterprozesses. Die Klage eines Studienbewerbers gegen Zulassungsbeschränkungen zu einem bestimmten Studienfach hat nicht schon deshalb grundsätzliche Bedeutung, weil vom Ausgang dieses Prozesses zahlreiche andere Bewerber betroffen sind[90]. Ähn-

---

[82] *Romeiß*, S. 14.
[83] So in bezug auf § 150 Nr. 1 SGG; BSGE 2, 45, 47 f.; 2, 171, 174; BSG, NJW 1964, 1823, 1824; BSG, BVBl. 1964, 152; in bezug auf § 61 Abs. 3 Satz 1 ArbGG: *Brill*, AuR 1966, 78, 81; *Dietz / Nikisch*, § 61 ArbGG, Rdn. 23.
[84] *Müller*, Festschrift für Herschel, S. 166; *Savaète*, AuR 1962, 264, 267.
[85] *Schumann*, Anm. zu BAG AP Nr. 3 zu § 72 ArbGG (Zulassungsrevision).
[86] A. A.: BAG AP Nr. 3 zu § 72 ArbGG (Zulassungsrevision) mit insoweit ablehnender Anm. *Schumann*; *Fögen*, S. 292.
[87] Vgl. z. B. den der Entscheidung BAG AP Nr. 19 zu § 69 ArbGG zugrunde liegenden Sachverhalt: ein Postbediensteter will außerdienstlich Frauenkleider tragen, der zwar nicht typisch ist, jedoch Rechtsfragen von grundsätzlicher Bedeutung aufwerfen kann.
[88] *Schumann*, Anm. zu BAG AP Nr. 3 zu § 72 ArbGG (Zulassungsrevision).
[89] BVerwG, NJW 1960, 1587 f.; BVerwGE 13, 90, 91 f.; OVG Münster, NJW 1961, 1084, 1085; *Weyreuther*, Rdn. 89.
A. A.: *König*, MDR 1956, 129, 130; *Uffhausen*, DÖV 1960, 205, 206; *Schröder*, DÖV 1962, 567, 569; *Kempf*, ZZP 73, 342, 344.
[90] Vgl. auch den Sachverhalt der Entscheidung OVG Münster, NJW 1961, 1084; Musterprozeß für 18 Anlieger einer Straße.

liches gilt für die Auslegung Allgemeiner Geschäftsbedingungen. Allein aus der Tatsache, daß es sich um eine typische, in zahlreichen Verträgen auftretende Klausel handelt, folgt noch nicht die Zulassungswürdigkeit des Rechtsstreits. Vielmehr müssen die auftretenden Rechtsfragen verallgemeinerungsfähig sein[91].

2. Die Zulassung wegen Divergenz

a) Ihr Verhältnis zur Zulassung wegen grundsätzlicher Bedeutung

Neben der grundsätzlichen Bedeutung kennen die einschlägigen Vorschriften mit wenigen Ausnahmen[92] ferner den Zulassungsgrund der Divergenz. Nach herrschender Meinung handelt es sich bei der Divergenzzulassung um einen Unterfall der Zulassung wegen grundsätzlicher Bedeutung[93]. Bei Divergenz habe die betreffende Rechtsfrage stets grundsätzliche Bedeutung wegen der Gefahr der Rechtszersplitterung; die grundsätzliche Bedeutung werde hier unwiderlegbar vermutet[94]. Aus diesem Verhältnis der Zulassungsgründe wird eine Reihe wichtiger Folgerungen abgeleitet. An ihnen ist jedoch erkennbar, daß die Prämisse der herrschenden Meinung unzutreffend ist.

Einmal soll in den Verfahrensordnungen ohne Divergenzzulassung der judex a quo bei Divergenz verpflichtet sein, das Rechtsmittel wegen grundsätzlicher Bedeutung zuzulassen[95]. Das kann jedoch in dieser

---

[91] BAGE 2, 26, 30 hält die grundsätzliche Bedeutung für gegeben, wenn eine einheitliche Auslegung erforderlich ist, damit nicht verschiedene Landesarbeitsgerichte bei der Auslegung der typischen Vertragsklausel voneinander abweichen.

[92] Bei der Revision § 339 Abs. 1 LAG (einschließlich der darauf verweisenden §§ 38 Abs. 1 FeststellungsG, 39 Abs. 1 Beweissicherungs- u. FeststellungsG), § 23 Abs. 1 KriegsgefangenenentschädigungsG, § 145 Abs. 2 BRAO, § 127 Abs. 2 PatentAO. — Bei der Rechtsbeschwerde § 73 Abs. 2 GWB, § 41 p Abs. 2 PatentG (einschließlich der darauf verweisenden §§ 13 Abs. 5 Satz 2 WZG, 10 Abs. 5 Satz 2 GebrMG), § 24 Abs. 1 LwVG, § 80 Abs. 1 OWiG und bei der weiteren Beschwerde: §§ 14 Abs. 3 Satz 2, 156 Abs. 2 Satz 2 KostenO.

[93] BAGE 3, 46, 47 f.; BVerwGE 24, 91; *Auffarth*, NJW 1957, 484, 486; *Hanack*, S. 86; *Baring*, Juristentagsgutachten, S. 64; *Romeiß*, S. 22; *Savaète*, AuR 1962, 264, 268; *Müller*, Festschrift für Herschel, S. 161; Hw. *Müller*, NJW 1963, 2060, 2062; *Vorndran*, S. 69; *Weyreuther*, Rdn. 93.

[94] *Hanack*, S. 86; *Weyreuther*, Rdn. 93.

[95] So für §§ 339 Abs. 1 LAG, 23 Abs. 1 KriegsgefangenenentschädigungsG: *Baring*, Juristentagsgutachten, S. 64; *Redeker / von Oertzen*, § 132 VwGO, Rdn. 13; einschränkend *Weyreuther*, Rdn. 94 (es darf und muß auf die Grundsätzlichkeit zurückgegriffen werden). Anders jedoch bei der Rechtsbeschwerde im LwVG, weil dort bei Divergenz diese gemäß § 24 Abs. 2 Nr. 1 LwVG keiner Zulassung bedarf: *Barnstedt*, 2. Aufl. 1968, § 24 LwVG, Rdn. 6.

generellen Form nicht richtig sein. Ob der judex a quo zur Grundsatzzulassung verpflichtet ist, hängt von der grundsätzlichen Bedeutung im dargestellten Sinne ab. Diese folgt aber nicht allein aus der Tatsache, daß der judex a quo in einer Rechtsfrage von der Entscheidung eines anderen Gerichts abweicht. Der judex a quo muß die Divergenzzulassung — im Gegensatz zur Zulassung wegen grundsätzlicher Bedeutung — auch dann aussprechen, wenn die Abweichung eine ganz spezielle, nur auf den konkreten Fall zutreffende und damit nicht verallgemeinerungsfähige Rechtsfrage betrifft[96]. Die Divergenz kann eine allgemeine bedeutsame Rechtsfrage betreffen, muß es aber nicht[97]. Betrifft sie eine Rechtsfrage von allgemeiner Bedeutung, so konkurrieren beide Zulassungsgründe miteinander; andernfalls muß die Zulassung im Bereich der Verfahrensordnungen, die keine Divergenzzulassung kennen, versagt werden.

Ferner hat das Verhältnis von Divergenz- und Grundsatzzulassung Bedeutung wegen des abschließenden Charakters der Vorschriften über die Divergenzzulassung. Nur Abweichungen von Entscheidungen solcher Gerichte, die ausdrücklich genannt sind, rechtfertigen die Zulassung aus diesem Grunde[98]. Das sind in sämtlichen Verfahrensordnungen nur Gerichte des eigenen Gerichtszweiges, und zwar bei Revision und Rechtsbeschwerde die jeweiligen obersten Bundesgerichte des betreffenden Gerichtszweiges, einschließlich des Großen Senats[99] und des Gemeinsamen Senats der obersten Bundesgerichte[100], nur vereinzelt und unter besonderen Voraussetzungen Landesarbeits- bzw. Oberverwaltungsgerichte[101]. Für die Divergenzzulassung zu einem obersten Bundesgericht genügt demnach — im Gegensatz zu einigen früheren Vorschriften[102] und zu den Divergenzvorlagen nach §§ 28 Abs. 2 FGG, 79 Abs. 2

---

[96] Dgl. *Grave*, VerwArch. 1973, 51, 60.

[97] In diesem Sinne auch *Müller*, ZZP 66, 245, 250 f.

[98] *Hanack*, S. 238; *Weyreuther*, Rdn. 95. Vgl. zur Unzulässigkeit der Divergenzzulassung bei Abweichung von anderen als den genannten Gerichten: BGH LM Nr. 3 zu § 24 LwVG; BAGE 1, 28; 1, 35, 36; BAG AP Nr. 3 zu § 92 ArbGG; BVerwGE 1, 76, 79; 4, 357, 358 f.; BVerwG, ZMR 1955, 347; BFH, NJW 1971, 856.

[99] So BAG AP Nr. 46 zu § 72 ArbGG hinsichtlich der zulassungsfreien Divergenzrevision, was jedoch entsprechend auch für die zulassungsbedürftige Divergenzrevision bzw. -rechtsbeschwerde, und zwar in allen Verfahrensordnungen gelten muß, so wohl auch *Weyreuther*, Rdn. 96.

[100] Art. 95 Abs. 3 GG iVm § 18 Abs. 1 des Gesetzes zur Wahrung der Einheitlichkeit der Rechtsprechung der obersten Gerichtshöfe des Bundes vom 19. Juni 1968 (RGBl. I, S. 661), § 160 Abs. 2 Nr. 2 SGG.

[101] Vgl. §§ 69 Abs. 3 Satz 2, 91 Abs. 3 Satz 2 ArbGG, 127 Nr. 1 BRRG, falls eine Entscheidung des BAG bzw. BVerwG in der betreffenden Rechtsfrage noch nicht ergangen ist.

[102] Nach § 2 Satz 2 der VO vom 15. Januar 1924 (RGBl. I, S. 29) und § 53 Abs. 2 lit. c) BVerwGG genügte die Abweichung von einer Entscheidung

III. Zulassungsgründe — 2. Divergenz

GBO, 29 Abs. 1 Satz 2 EGGVG, 121 Abs. 2 GVG — die Abweichung von einer Entscheidung eines anderen gleichgeordneten Gerichts nicht. Das ist rechtspolitisch bedenklich, denn die Rechtseinheit ist bei abweichenden Entscheidungen etwa verschiedener Oberlandesgerichte ebenso gefährdet wie bei Abweichung eines Oberlandesgerichts von einer Entscheidung des BGH[103]. Bei der Berufung führen die Abweichung von Entscheidungen des übergeordneten Berufungsgerichts[104], irgendeines Landessozial- bzw. Oberverwaltungsgerichts oder des entsprechenden obersten Bundesgerichts[105] zur Divergenzzulassung.

Bei Abweichung von Entscheidungen anderer als der genannten Gerichte soll darin die grundsätzliche Bedeutung der Rechtsfrage erkennbar werden und somit deshalb zuzulassen sein[106]. Jedoch gilt auch hier, daß die Grundsatzzulassung nur bei allgemein bedeutsamen Rechtsfragen ausgesprochen werden darf und die Divergenz allein die Grundsatzzulassung nicht rechtfertigt. Andernfalls würden die Einschränkungen in den Vorschriften über die Divergenzzulassung umgangen. Wenn der Gesetzgeber nur Entscheidungen bestimmter Gerichte als divergenzzulassungsbegründend ansieht, dann kann dieser Kreis nicht auf dem Umweg über die Grundsatzzulassung erweitert werden.

Schließlich soll wegen grundsätzlicher Bedeutung auch zuzulassen sein, wenn und soweit die Grenzen der Divergenzzulassung erreicht sind. So, wenn die Divergenz nur Ausführungen betrifft, die „gelegentlich" der Vorentscheidung gemacht werden[107] oder wenn die Vorentscheidung eine Rechtsfrage offen gelassen hat[108] und daher die Voraussetzungen der Divergenzzulassung nicht erfüllt sind[109]. Das halte ich ebenfalls aus den dargelegten Gründen für unzutreffend.

Ich meine also, daß die Divergenzzulassung kein Unterfall der Zulassung wegen grundsätzlicher Bedeutung ist, beide Zulassungsgründe vielmehr nebeneinander stehen und sich allenfalls überschneiden.

---

eines anderen Oberlandesgerichts bzw. obersten allgemeinen Verwaltungsgerichts eines Landes.
[103] Dgl. *Grave*, VerwArch. 1973, 51, 60 f.
[104] § 61 Abs. 3 Satz 2 ArbGG.
[105] §§ 150 Nr. 1 SGG, 131 Abs. 2 Nr. 2 VwGO iVm §§ 46 Abs. 2 BLG, 10 Abs. 2 das Gesetz über unentgeltliche Beförderung, § 33 Abs. 1 Satz 2 das 2. WohngeldG.
[106] So *Weyreuther*, Rdn. 99; *Fögen*, S. 293; in diesem Sinne auch *Rönitz*, BB 1968, 624, 626; *Eyermann / Fröhler*, § 132 VwGO, Rdn. 15; dgl. *Grave*, VerwArch. 1973, 51, 60 für die Divergenz von einer Entscheidung eines dem Rechtszug „fremden" Bundesgerichts.
[107] *Pohle*, Anm. zu BAG AP Nr. 1 zu § 72 ArbGG (Divergenzrevision).
[108] *Wieczorek*, Anm. zu BAG AP Nr. 30 zu § 72 ArbGG (Divergenzrevision).
[109] Siehe dazu im einzelnen unten S. 47 f.

b) Die Voraussetzungen der Divergenzzulassung

Die Zulassung wegen Divergenz setzt voraus, daß der judex a quo von einer ihm bekannten Entscheidung[110] der im Gesetz genannten Gerichte abweicht. Der Begriff der „Abweichung von einer Entscheidung" bestimmter Gerichte findet sich ferner bei den internen[111] Divergenzvorlagen[112], bei den externen[113] Divergenzvorlagen[114] und bei den zulassungsfreien Divergenzrechtsmitteln[115]. All diese Ausgleichsverfahren[116] dienen dem gleichen Zweck, der Herstellung und Wahrung der Rechtseinheit[117]. Deshalb können die zu diesen Instituten erarbeiteten Grundsätze und ergangenen Entscheidungen auch hier herangezogen werden[118].

aa) Die Divergenzentscheidung

Als zur Zulassung verpflichtende Divergenzentscheidung kommt jede Entscheidung des betreffenden Gerichts mit endgültigem Charakter in Betracht; die Form — Urteil oder Beschluß — ist unerheblich[119, 120]. Dabei ist auf den neuesten Stand von Rechtsprechung und Gesetzgebung

---

[110] Zum Umfang der Nachforschungspflicht des judex a quo nach einschlägigen abweichenden Vorentscheidungen ausführlich: *Hanack*, S. 134 ff.

[111] Von *interner* Vorlage spricht man, wenn das Vorlageprinzip dazu benutzt wird, eine einheitliche Rechtsprechung zwischen den Senaten eines Gerichts herzustellen, dazu *Hanack*, S. 18 f., 38 f.; *Miebach*, S. 111.

[112] An die Großen Senate der obersten Bundesgerichte gemäß §§ 136 Abs. 1 GVG, 45 Abs. 2 Satz 1 ArbGG, 11 Abs. 3 VwGO, 42 SGG, 11 Abs. 3 FGO; an die Vereinigten Großen Senate des BGH gemäß § 136 Abs. 2 GVG; an das Plenum des BVerfG gemäß § 16 Abs. 1 BVerfGG; weitere interne Divergenzvorlagen bei *Miebach*, S. 111 Anm. 545.

[113] *Externe* Vorlagen dienen zum Ausgleich der Rechtsprechungsdivergenz zwischen verschiedenen Gerichten der gleichen Gerichtsbarkeit, dazu *Hanack*, S. 38 ff.; *Miebach*, S. 111 f.

[114] Gemäß §§ 28 Abs. 2 FGG, 79 Abs. 2 GBO, 29 Abs. 1 Satz 2 EGGVG, 121 Abs. 2 GVG; weitere Fälle bei *Hanack*, S. 232 ff.; *Schefold*, Zweifel des erkennenden Gerichts, S. 11 ff. Auch die Vorlagen nach § 2 des Gesetzes zur Wahrung der Einheitlichkeit der Rechtsprechung der obersten Gerichtshöfe des Bundes vom 19. 6. 1968 (BGBl. I, S. 661) an den Gemeinsamen Senat sind *externe* Divergenzvorlagen, vgl. *Miebach*, S. 112 f.

[115] Gemäß §§ 72 Abs. 1 Satz 2, 3, 92 Abs. 1 Satz 2 ArbGG, 24 Abs. 2 Nr. 1 LwVG.

[116] Unter diesem Begriff fassen *Hanack*, S. 1 und öfter und *Miebach*, S. 110 ff. diese Rechtsinstitute zusammen.

[117] *Bettermann*, NJW 1961, 44; *Hanack*, S. 38 ff.; *Müller*, NJW 1963, 2060; *Schröder*, MDR 1960, 809; *Schlüter*, Das Obiter dictum, 1973, S. 41. *Weyreuther*, Rdn. 92 spricht von einer Verwandtschaft dieser Institute.

[118] In diesem Sinne *Bettermann*, NJW 1961, 44.

[119] *Hanack*, S. 235 f.; *Müller*, NJW 1955, 1740, 1741; *Weyreuther*, Rdn. 100; *Redecker / von Oertzen*, § 132 VwGO, Rdn. 7; *Dersch / Volkmar*, § 72 ArbGG, Rdn. 35.

[120] Zu den Besonderheiten beim zurückverweisenden Urteil vgl. *Weyreuther*, Rdn. 101.

III. Zulassungsgründe — 2. Divergenz

abzustellen. Entscheidungen, die durch neuere Entscheidungen oder durch eine Gesetzesänderung überholt sind, können die Zulassung nicht begründen[121]. Liegen abweichende Entscheidungen anderer Senate oder Kammern des Gerichts vor, dem der judex a quo angehört, so verpflichtet bis zur Beseitigung dieser Innendivergenz jede der Entscheidungen zur Zulassung des Rechtsmittels[122]. Divergenz von eigenen Präjudizien dagegen rechtfertigt die Zulassung nicht, weil jeder Spruchkörper von seinen in einem anderen Verfahren geäußerten Rechtsansichten abweichen darf[123].

bb) Die Divergenz in (bei) und von einer Entscheidung

Die Frage, wann eine Divergenz vorliegt, wirft zahlreiche, teilweise sehr schwierige Probleme auf, die hier nur angedeutet werden können[124]. Es muß sich um eine Unvereinbarkeit zweier Antworten auf ein und dieselbe Rechtsfrage handeln[125]. Die Divergenz bezieht sich also nicht auf die Fallentscheidung, sondern auf eine in den Entscheidungsgründen enthaltene Rechtsansicht. Obwohl nur einige Vorschriften ausdrücklich davon sprechen, daß die Entscheidung des judex a quo auf der Abweichung von der Vorentscheidung „beruhen" muß[126], so ist doch

---

[121] BGHZ 25, 96, 103; BGH LM Nr. 4 zu § 24 LwVG, BAGE 7, 147, 148 f.; BAG AP Nr. 10 zu § 72 ArbGG (Divergenzrevision); BVerwG, DVBl. 1961, 745, 746; *Auffarth*, NJW 1957, 484, 487; *Müller*, Festschrift für Herschel, S. 176; *Weyreuther*, Rdn. 101; *Eyermann / Fröhler*, § 132 VwGO, Rdn. 16; *Ziemer / Birkholz*, § 115 FGO, Rdn. 24.

[122] *Hanack*, S. 312 f.; *Weyreuther*, Rdn. 104; *Dersch / Volkmar*, § 69 ArbGG, Rdn. 28; *Ule*, § 132 VwGO, Anm. I 2 b; anders BAG AP Nr. 12 u. Nr. 16 zu § 72 ArbGG (hinsichtlich der zulassungsfreien Divergenzrevision nach § 72 Abs. 1 Satz 2, 3 ArbGG), sowie die h. M. zu den externen Divergenzvorlagen: KG, JW 1927, 1161, 1162; *Müller*, ZZP 66, 245, 256; *Keidel / Winkler*, 10. Aufl. 1972, § 28 FGG, Rdn. 21; *Jansen*, 2. Aufl. 1969, § 28 FGG, Rdn. 11; *Horber*, 13. Aufl. 1974, § 79 GBO, Anm. 3 B b.

[123] *Hanack*, S. 290; *Miebach*, S. 123.
Zum Problem der Abgrenzung eigener — fremder Spruchkörper bei Änderung der Geschäftsverteilung oder Richterbesetzung vgl. *Hanack*, S. 290 ff. und die Nachweise bei *Miebach*, S. 137, Anm. 619; nach *Fögen*, S. 293 soll dies die Grundsatzzulassung rechtfertigen.

[124] Zu diesen Problemen ausführlich und mit zahlreichen Nachweisen: *Hanack*, S. 243 ff.; *Miebach*, S. 122 ff.; *Schlüter* (Fußn. 117), S. 42 ff.

[125] In diesem Sinne BGHZ 15, 5, 9 f.; BGH LM Nr. 4 zu § 24 LwVG; BAG AP Nr. 31 zu § 72 ArbGG mit insoweit zustimmender Anm. *Dietz*; BAG AP Nr. 36 zu §72 ArbGG; *Grunsky*, Anm. zu BAG AP Nr. 34 zu § 72 ArbGG (Divergenzrevision); *Schröder*, MDR 1960, 809; *Miebach*, S. 123 f.; *Weyreuther*, Rdn. 107.

[126] So §§ 132 Abs. 2 Satz 2 VwGO, 115 Abs. 2 Satz 2 FGO, 150 Nr. 1, 160 Abs. 2 Nr. 2 SGG, 219 Abs. 2 Nr. 2 BEG, 34 Abs. 2 Satz 3 WehrpflichtG, 75 Abs. 2 Satz 3 ErsatzdienstG, 81 Abs. 1 Satz 2 Nr. 2 DRiG, 127 Nr. 1 BRRG, 33 Abs. 1 Satz 2 des 2. WohngeldG, 131 Abs. 2 Nr. 2 VwGO iVm § 46 Abs. 2 BLG, 10 Abs. 2 des G über unentgeltliche Beförderung.

anerkannt, daß dies für alle Divergenzzulassungen gelten muß[127]. Auf der Abweichung beruhen heißt: die Abweichung muß sich auf die „tragende Grundlage" beziehen[128]. Dabei muß die Divergenz doppelt erheblich sein. Sie muß sich auf die „tragende Grundlage" der Divergenzentscheidung beziehen[129] und die „tragende Grundlage" der eigenen Entscheidung des judex a quo betreffen[130].

Danach läßt sich für einige markante Fälle sagen: Rechtsausführungen in Hilfs- oder Alternativbegründungen gehören nicht zur „tragenden Grundlage" der Entscheidung, vermögen somit eine Divergenzzulassung nicht zu rechtfertigen[131]. Gleiches gilt auch von rechtlich unverbindlichen Empfehlungen[132] sowie von allen Formen beiläufiger Bemerkungen, die „einführend, erläuternd, ergänzend oder sonst bei Gelegenheit der Entscheidung"[133] gemacht werden. Eine Abweichung soll ferner dann nicht vorliegen, wenn der judex a quo zwar im Ergebnis abweicht, „indes auf Grund eines rechtlichen Gesichtspunktes, der von dem anderen Gericht nicht erörtert worden ist"[134].

Die Abweichung von der „tragenden Grundlage" der Vorentscheidung muß sich auf die gleiche Rechtsfrage beziehen. Welche Anforderungen an die Identität der Rechtsfrage zu stellen sind, ist umstritten[135]. Teilweise wird gefordert, daß die abweichenden Entscheidungen zu der gleichen Gesetzesbestimmung ergangen sind[136]. Andere lassen es aber zu Recht genügen, daß die gleiche Regelung, d. h. der gleiche Norminhalt betroffen ist, unabhängig davon, ob sie in verschiedenen Gesetzesbestimmungen ihren Niederschlag gefunden hat[137].

---

[127] *Weyreuther*, Rdn. 123; in diesem Sinne auch BVerwG, NJW 1972, 269, 270.
[128] Dazu eingehend *Schröder*, MDR 1960, 809 ff.; *Schlüter* (Fußn. 117), S. 41 f.; vgl. ferner die Nachweise bei *Hanack*, S. 243 Anm. 1, 3; das BAG spricht demgegenüber vom „tragenden Komplex rechtlicher Erwägungen": BAGE 1, 18, 20; BAG AP Nr. 3 zu § 72 ArbGG; BAG AP Nr. 46 zu 72 ArbGG.
[129] OLG Köln, NJW 1973, 426, 427.
[130] BAG AP Nr. 1 zu § 72 ArbGG (Divergenzrevision); *Schröder*, MDR 1960, 809.
[131] Dazu ausführlich *Schröder*, MDR 1960, 809, 810 f.; vgl. auch die Nachweise bei *Hanack*, S. 245 Anm. 12, 13; kritisch *Hanack*, S. 261 ff.
[132] Nachweise bei *Hanack*, S. 245 Anm. 14.
[133] BAG AP Nr. 3 zu § 72 ArbGG; BAGE 1, 18, 20; BAG AP Nr. 46 zu § 72 ArbGG; *Schlüter* (Fußn. 117), S. 42 ff.; a. A. *Hanack*, S. 264 ff.
[134] Nachweise bei *Hanack*, S. 268 Anm. 90; a. A. *Hanack*, S. 268 f.
[135] Dazu ausführlich mit zahlreichen Nachweisen: *Miebach*, S. 135 ff.
[136] So die Rspr. des BVerwG, NJW 1960, 979; BVerwGE 16, 53, 54 ff.; 27, 155, 156.
[137] Gemeinsamer Senat der obersten Gerichtshöfe des Bundes, NJW 1973, 1273; BGHZ 7, 339, 342; 9, 179, 181 f.; BGH LM Nr. 11 zu § 24 LwVG; BFH 101, 247, 249; *Bettermann*, NJW 1961, 44; *Hanack*, S. 152 ff.; *Müller*, NJW 1963, 2060; *Rönitz*, BB 1968, 662; *Eyermann / Fröhler*, § 132 VwGO, Rdn. 16; *Ziemer / Birkholz*, § 115 FGO, Rdn. 26; *Stein / Jonas / Grunsky*, § 546 ZPO, Anm. VI 2 b.

3. Die Zulassung wegen eines geltend gemachten Verfahrensmangels

a) Praktische Bedeutung dieses Zulassungsgrundes

VwGO, FGO und SGG kennen bei der Revision noch die Zulassung wegen eines geltend gemachten Verfahrensmangels, auf dem die angefochtene Entscheidung beruhen kann, §§ 132 Abs. 2 Nr. 3 VwGO, 115 Abs. 2 Nr. 3 FGO, 160 Abs. 2 Nr. 3 SGG.

Bei Erlaß des anzufechtenden Urteils erlangt dieser Zulassungsgrund kaum praktische Bedeutung, denn dafür müßte sich der judex a quo bereits zu diesem Zeitpunkt eines Verfahrensfehlers bewußt sein[138]. Bedeutsam kann er vielmehr erst auf eine Nichtzulassungsbeschwerde hin werden[139]; sei es, daß der judex a quo im Wege der Abhilfe gemäß §§ 132 Abs. 5 Satz 1 VwGO, 115 Abs. 5 Satz 1 FGO[140] die Revision zuläßt, sei es, daß sie vom Revisionsgericht zugelassen wird. Für den judex a quo kann somit auch dieser Zulassungsgrund anzuwenden sein, allerdings erst „im zweiten Durchgang"[141]. Deshalb müssen die Voraussetzungen kurz dargestellt werden.

Was das Verhältnis dieses Zulassungsgrundes zu den übrigen angeht, so konkurriert er mit der Zulassung wegen grundsätzlicher Bedeutung, wenn der Verfahrensmangel eine grundsätzliche Rechtsfrage betrifft, und mit der Zulassung wegen Divergenz, wenn die Frage bereits abweichend von einem der gesetzlich genannten Gerichte entschieden worden ist[142].

b) Die Zulassungsvoraussetzungen im einzelnen

Verfahrensmangel bedeutet Verstoß gegen die das Verfahren regelnden Vorschriften, Verstoß gegen das Prozeßrecht[143]. Es braucht nicht

---

[138] *Bettermann*, NJW 1954, 1305, 1309; *Weyreuther*, Rdn. 132; *Ule*, § 132 VwGO, Anm. I 2 c; anders *Teske*, Die Revision wegen verfahrensrechtlicher Verstöße, Diss. Marburg, 1962, S. 91, der darauf abstellt, daß der Verfahrensmangel geltend gemacht sein muß, was schon im Verfahren vor dem judex a quo geschehen konnte.

[139] BVerwGE 12, 107, 109; *Bettermann*, NJW 1954, 1305, 1309; *Baring*, DVBl. 1961, 349, 351 f.; *Gräber*, DStR 1968, 173, 175; *Müller*, NJW 1960, 515, 516; *von Oertzen*, DVBl. 1961, 22, 23; *Uffhausen*, DÖV 1960, 205, 206; *Weyreuther*, Rdn. 132; *Grave*, VerwArch. 1973, 51, 68; *Eyermann / Fröhler*, § 132 VwGO, Rdn. 20.

[140] Nach § 160 a Abs. 4 Satz 1 SGG besteht unverständlicherweise keine Abhilfebefugnis des judex a quo.

[141] Wegen der fehlenden Abhilfebefugnis des judex a quo im SSG erübrigt sich hier, auf die von der VwGO u. FGO abweichenden Voraussetzungen in § 160 Abs. 2 Nr. 3 SGG einzugehen.

[142] *Weyreuther*, Rdn. 134; *Maetzel*, MDR 1961, 453, 454; *Grave*, VerwArch. 1973, 51, 65.

unbedingt ein Fehler „auf dem Weg zum Urteil" zu sein[144]. Auch ein Mangel des Urteils selbst kann einen Verfahrensmangel darstellen, wenn eine Prozeßentscheidung inhaltlich falsch ist und das Verfahren dadurch eine falsche Gestalt annimmt[145]. Als Verfahrensmängel kommen nur solche des gerichtlichen Verfahrens in Betracht, nicht also Mängel des Verwaltungs- und des Widerspruchverfahrens, und nur solche der der Revisionsinstanz vorausgehenden Instanz[146]. Erforderlich ist ferner, daß die angefochtene Entscheidung auf dem geltend gemachten Verfahrensmangel beruhen kann[147]. Das ist dann der Fall, wenn mindestens die Möglichkeit besteht, daß das Gericht ohne den Rechtsverstoß zu einem für den Rechtsmittelkläger günstigeren Ergebnis gelangt wäre[148].

Umstritten ist, ob für die Zulassung der Verfahrensmangel tatsächlich vorliegen muß oder dessen schlüssige Rüge ausreicht[149].

4. Besondere Zulassungsgründe

Einige Verfahrensordnungen kennen noch die Zulassung der Revision bzw. Rechtsbeschwerde, wenn die Fortbildung des Rechts oder die Sicherung einer einheitlichen Rechtsprechung eine letztinstanzliche Entscheidung erfordern[150]. Die praktische Bedeutung dieses Zulassungsgrundes ist gering neben den übrigen Zulassungsgründen[151]. Sie erschöpft sich im BEG darin, die Fälle zu erfassen, in denen eine Divergenzzulassung nach § 219 Abs. 2 Nr. 2 BEG wegen Abweichung von einer Entscheidung eines dort nicht genannten Gerichts unzulässig ist,

---

[143] Zum Begriff des Verfahrensmangels im Sinne der zulassungsbedürftigen Verfahrensrevision: BFH, NJW 1971, 168; *Weyreuther*, Rdn. 139; *Ule*, § 132 VwGO, Anm. I 2 c; *Redeker / von Oertzen*, § 132 VwGO, Rdn. 11; *Ziemer / Birkholz*, § 115 FGO, Rdn. 34.
Allgemein zum Begriff des Verfahrensmangels: *Bettermann*, DVBl. 1961, 65, 67.
[144] BVerwG, MDR 1958, 53, 54.
[145] *Ule*, DVBl. 1960, 553, 554.
[146] BVerwGE 10, 37, 43; BFH 93, 209, 211; *Bettermann*, DVBl. 1961, 65, 67; *Weyreuther*, Rdn. 142.
[147] Dazu ausführlich: *Bettermann*, DVBl. 1961, 65, 67 f.
[148] BVerwGE 14, 342, 346; in diesem Sinne auch: *Rönitz*, BB 1968, 662 f.; *Gräber*, DStR 1968, 176; *Gilles*, Rechtsmittel im Zivilprozeß, 1972, S. 86; *Weyreuther*, Rdn. 150.
[149] Der Verfahrensmangel muß vorliegen: BFH 91, 348, 350; die schlüssige Rüge reicht aus: BVerwG, NJW 1962, 832; DÖV 1962, 555; VerwRspr. 16, 253, 254; DÖV 1968, 293.
[150] So in §§ 219 Abs. 2 Nr. 3 BEG, 73 Abs. 2 Nr. 2 GWB, 41 p Abs. 2 Nr. 2 PatentG und iVm §§ 13 Abs. 5 Satz 2 WZG, 10 Abs. 5 Satz 2 GebrMG, § 80 Abs. 1 OWiG.
[151] So in bezug auf § 219 Abs. 2 Nr. 3 BEG; *Stein / Jonas / Grunsky*, § 546 ZPO, Anm. VIII 1 b ß; *Weyreuther*, Rdn. 156.

in der Regel also bei Divergenz von einem anderen Oberlandesgericht[152]. Wo es keine Divergenzzulassung gibt[153], werden hiermit üblicherweise alle Fälle der Divergenz von Entscheidungen gleich- oder übergeordneter Gerichte des gleichen Gerichtszweiges erfaßt[154].

Nach § 80 Abs. 1 OWiG ist die Rechtsbeschwerde zuzulassen, „wenn es geboten ist, die Nachprüfung der Entscheidung zur Fortbildung des Rechts oder zur Sicherung einer einheitlichen Rechtsprechung zu ermöglichen". Hierunter fallen alle Fälle von grundsätzlicher Bedeutung und von Divergenz im Sinne der übrigen Zulassungsvorschriften[155]. § 219 Abs. 2 Nr. 4 BEG kennt als Besonderheit des Entschädigungsverfahrens die Zulassung wegen zweifelhafter Passivlegitimation bei bestimmten Ansprüchen[156].

IV. Zulassungsfähige Rechtsfragen

Auch wenn ein gesetzlicher Zulassungsgrund vorliegt, ist nicht jede Rechtsfrage zulassungsfähig. Dafür müssen vielmehr bestimmte Eigenschaften gegeben sein. Die Rechtsfrage, derentwegen das Rechtsmittel zugelassen wird, muß

1. entscheidungserheblich,
2. klärungsfähig und
3. klärungsbedürftig sein.

1. Entscheidungserhebliche Rechtsfragen

Die Rechtsfragen, derentwegen die Zulassung erfolgt, müssen entscheidungserheblich sein[157]. Das heißt, daß nur solche Rechtsfragen die Zulassung rechtfertigen, auf deren Beantwortung es für die Entschei-

---

[152] BGH, RzW 1963, 86; *Blessin / Gießler*, § 219 BEG, Anm. II 1 c; *Weyreuther*, Rdn. 157.

[153] So in §§ 73 Abs. 2 GWB, 41 p Abs. 2 PatentG und iVm §§ 13 Abs. 5 Satz 2 WZG, 10 Abs. 5 Satz 2 GebrMG.

[154] Dazu im einzelnen: *Zweigert* in *Müller-Henneberg / Schwartz*, 2. Aufl. 1963, § 73 GWB, Rdn. 3; *Hesse* in *Klauer / Möhring*, 3. Aufl. 1971, § 41 p PatentG, Rdn. 5.

[155] In diesem Sinne: *Göhler*, 3. Aufl. 1973, § 80 OWiG, Anm. 3 f.

[156] Vgl. im einzelnen: *Blessin / Gießler*, § 219 BEG, Anm. II 1 d; *Weyreuther*, Rdn. 158.

[157] Das gilt für jedes Ausgleichsverfahren: vgl. für die internen Divergenzvorlagen: BGH, NJW 1954, 1073; *Brinckmann*, Das entscheidungserhebliche Gesetz, 1970, S. 163 f.; für die externen Divergenzvorlagen: BGH, NJW 1968, 1477; *Jansen*, § 28 FGG, Rdn. 29; *Müller*, ZZP 66, 245, 251 (zu § 28 Abs. 2 FGG); BGH, JZ 1952, 149, 150; BVerfGE 13, 165, 166 f.; 18, 407, 413; *Maunz* in *Maunz / Dürig / Herzog*, Art. 100 GG, Rdn. 53 (zu Art. 100 Abs. 3 GG, §§ 13 Nr. 13, 85 BVerfGG); Gemeinsamer Senat der obersten Gerichtshöfe des Bundes, NJW 1973, 1273 (zu § 2 RSprEinhG vom 19. 6. 1968).

dung des konkreten Rechtsstreits ankommt[158]. Für die Divergenzzulassung folgt das bereits daraus, daß nur Abweichungen in der Beurteilung solcher Rechtsfragen die Zulassungspflicht begründen, die die „tragende Grundlage" der Entscheidung des judex a quo bilden, d. h. entscheidungserheblich sind[159]. Für die übrigen Zulassungsgründe ergibt sich dies aus Aufgabe und Zweck der rechtsprechenden Gewalt, die nicht darin bestehen, abstrakt und theoretisch Rechtsfragen zu klären, sondern in der Entscheidung eines konkreten Rechtsstreits[160].

Bei der Beurteilung der Entscheidungserheblichkeit sind die Rechtsansichten der Parteien für den judex a quo nicht maßgebend. Ebensowenig wie sie es bei der Entscheidung über den Streitgegenstand sind, sind sie es bei der Entscheidung darüber, ob es auf die Rechtsfrage(n), derentwegen ein Rechtsmittel zugelassen werden soll, in dem Rechtsstreit ankommt oder nicht. Die Frage, ob für die Beurteilung der Entscheidungserheblichkeit die Ansicht des judex a quo oder die des judex ad quem maßgebend ist, ob also eine nach Ansicht des judex ad quem mangelnde Entscheidungserheblichkeit die Unstatthaftigkeit des Rechtsmittels zur Folge hat, betrifft die Wirksamkeit der Zulassung, soll daher später untersucht werden[161].

2. Klärungsfähige Rechtsfragen

Bei der Revision sind nur bestimmte Normen revisibel[162], der judex ad quem darf das angefochtene Urteil also nur auf die Verletzung revisiblen Rechts[163] nachprüfen. Zulassungsvoraussetzung der Revision ist daher die Klärungsfähigkeit = Revisibilität der Rechtsfrage(n), derentwegen sie ausgesprochen wird[164], denn nur was im Revisionsverfahren geklärt werden kann, rechtfertigt die Zulassung dieses Rechtsmittels[165].

Bei der Klärungsfähigkeit handelt es sich um eine ungeschriebene Zulässigkeitsvoraussetzung der Revisionszulassung. Zwar sprechen §§ 34 Abs. 2 Satz 2 WehrpflichtG, 75 Abs. 2 Satz 2 ErsatzdienstG davon,

---

[158] BGHSt 17, 21, 28; BGH LM Nr. 9 zu § 546 ZPO; Nr. 11 zu § 546 ZPO; BAGE 2, 26, 28; *Vorndran*, S. 67; *Grave*, Verw.Arch. 1973, 51, 58.
[159] Siehe oben § 3 A III 2 b bb.
[160] In diesem Sinne: BGHSt 17, 21, 28; *Hanack*, S. 112.
[161] Siehe unten § 5 IV 1.
[162] Zu den Bedeutungen des Begriffes „Revisibilität" vgl. *Bettermann*, JZ 1962, 167, 169.
[163] Vgl. zu den revisiblen Rechtsnormen oben S. 41, Anm. 79, 80.
[164] BGH LM Nr. 1 zu § 219 BEG; BGH, FamRZ 1969, 478, 479; BGH LM Nr. 32 zu § 546 ZPO; BVerwGE 1, 3, 4; 1, 19 ff.; 1, 76, 77; BFH 96, 155, 156; *Müller*, NJW 1955, 1740, 1741; *Weyreuther*, Rdn. 68; *Reuß*, JR 1956, 1 f.; *Vorndran*, S. 67; a. A. *Ule*, DVBl. 1952, 517, 520; *Rößler*, DÖV 1952, 737, 741.
[165] *Müller*, NJW 1955, 1740, 1741; *Weyreuther*, Rdn. 68.

daß die Revisionszulassung nur verweigert werden kann, wenn „eine Klärung" grundsätzlicher Rechtsfragen nicht zu erwarten ist. Hiermit kann jedoch nicht die Klärungsfähigkeit im Sinne von Revisibilität gemeint sein, weil in diesen Verfahren nur revisibles Recht zur Anwendung kommt. Vielmehr soll diese Formulierung nur die geringeren Anforderungen an das Vorliegen der grundsätzlichen Bedeutung gegenüber den anderen Verfahrensordnungen hervorheben[166].

Es ist eingewendet worden, daß die Qualifizierung einer Rechtsnorm als revisibel oder irrevisibel der Entscheidung des Revisionsgerichts unterliege und der judex ad quem bei dieser Beurteilung anderer Meinung sein könne als der judex a quo. Insbesondere liege eine Gesetzesverletzung nicht nur in der unrichtigen Anwendung revisiblen Rechts, sondern auch in seiner Nichtanwendung[167]. Deshalb sei die Revision bei Vorliegen eines Zulassungsgrundes auch dann zuzulassen, wenn der judex a quo nach seiner Meinung nur Landesrecht angewandt habe[168]. Das halte ich jedoch für unzutreffend. Hat der judex a quo die Revisionszulassung verweigert, weil er irrig nur irrevisibles Recht angewandt und die gebotene Anwendung revisiblen Rechts nicht erkannt hat, so kann die Nichtzulassung deshalb fehlerhaft sein. Die Rechtsfolgen dafür richten sich nach denen fehlerhafter Nichtzulassungen, so daß der Fehler unkorrigierbar ist in Verfahrensordnungen ohne Nichtzulassungsbeschwerde oder nach Ablauf der Beschwerdefrist. Das kann man nicht dadurch vermeiden, daß der judex a quo verpflichtet wird, die Revision ohne Rücksicht auf die Klärungsfähigkeit der zu entscheidenden Rechtsfragen zuzulassen.

3. Klärungsbedürftige Rechtsfragen

Rechtsfragen, deren Beantwortung sich klar und eindeutig aus dem Gesetz ergibt, sollen die Zulassungspflicht nicht begründen können, weil hier kein Raum sei für die Weiterentwicklung des Rechts durch den judex ad quem[169]. Dies soll auch gelten bei Rechtsfragen, die in Rechtsprechung und Rechtslehre unbestritten[170] bzw. bereits höchstrichterlich

---

[166] Vgl. dazu im einzelnen oben § 3 A III 1 c.

[167] Vgl. § 550 ZPO; gemäß § 173 VwGO auch in der VwGO anwendbar: BVerwGE 26, 305, 310; gemäß §§ 155 FGO, 202 SGG auch bei der Revision im finanz- und sozialgerichtlichen Verfahren.

[168] *Ule*, DVBl. 1952, 517, 520 u. *Rößler*, DÖV 1952, 737, 741; anders *Ule*, § 132 VwGO, Anm. I 2 a, wo er unter Hinweis auf die Rspr. des BVerwG die Klärungsfähigkeit als Voraussetzung der Revisionszulassung ansieht, einschränkend jedoch die Nichtanweisung revisiblen Rechts dann als zulassungsbegründend betrachtet, wenn im Verfahren vor dem judex a quo über die Anwendbarkeit revisiblen Rechts gestritten wurde.

[169] BGH LM Nr. 7 zu § 219 BEG; BGHSt 17, 21, 27; BFH, BStBl. 1972 II, 792, 793; EGH 7, 162, 163; 8, 68; *Fögen*, S. 293; *Weyreuther*, Rdn. 65.

[170] BVerwG, NJW 1953, 1568; *Rönitz*, BB 1968, 624, 626; *Weyreuther*, Rdn. 65.

geklärt sind[171]. Das wird man jedoch in dieser Form nicht sagen können. Einmal ist sehr oft fraglich, was sich „klar und eindeutig" aus dem Gesetz ergibt. Zum anderen besteht bei Beschränkung der Zulassungspflicht auf bestrittene oder höchstrichterlich noch ungeklärte Rechtsfragen die Gefahr, daß bereits entschiedene Rechtsfragen nicht wieder höchstrichterlich überdacht werden können und die Rechtsprechung dadurch leicht erstarrt. Um dies zu vermeiden, wird man es genügen lassen müssen, daß Rechtsfragen schon dann klärungsbedürftig sind, wenn neue Gesichtspunkte darüber vorgetragen werden, die ein erneutes Überdenken für angebracht erscheinen lassen[172].

V. Qualitative und quantitative Beschränkungen der Zulassung

Fraglich ist, ob der judex a quo berechtigt oder gar verpflichtet ist, ein Rechtsmittel nur beschränkt zuzulassen. Dabei sind zu unterscheiden: die qualitative und die quantitative Beschränkung. Eine qualitative Beschränkung liegt vor, wenn der judex a quo ein Rechtsmittel nur hinsichtlich einer oder mehrerer bestimmter Rechtsfragen oder im Falle der Anspruchskonkurrenz hinsichtlich eines Klage(= Anspruchs)grundes zuläßt, weil auch nur insoweit ein Zulassungsgrund vorliegt. Demgegenüber bezieht sich eine quantitative Beschränkung auf selbständige Teile des Streitgegenstands. Der konkrete Rechtsstreit wird nicht in seine einzelnen Rechtsfragen oder Klagegründe, sondern in die vorhandenen Teile des Streitgegenstands zerlegt und die Zulassung auf einen solchen Teil beschränkt.

1. Die qualitativen Beschränkungen der Zulassung

a) *Unzulässigkeit der auf eine Rechtsfrage beschränkten Zulassung*

Nach fast einhelliger Meinung ist die qualitative Beschränkung einer Rechtsmittelzulassung durch den judex a quo auf einzelne, genau bezeichnete Rechtsfragen nicht zulässig[173]. Das hat seinen Grund darin,

---

[171] BGH LM Nr. 4 zu § 219 BEG; BGH LM Nr. 14 zu § 219 BEG; BAGE 2, 26, 28; OVG Münster, NJW 1961, 1084, 1085; BVerwG, NJW 1960, 1587; BVerwG, MDR 1968, 348; EGH 7, 162, 163; 8, 68; BFH 93, 403, 404; 94, 527, 528; 97, 293, 294; *Müller,* NJW 1955, 1740, 1741. Kritisch dazu: *Calvelli-Adorno,* RzW 1959, 349 f.

[172] So etwa: BVerwG, DVBl. 1960, 854; BFH, BStBl. 1967, III, 340 f.; *Hanack,* S. 95 Anm. 10; *Paulus,* ZZP 71, 188, 211; *Romeiß,* S. 17 f.; *Weyreuther,* Rdn. 66.

[173] BAGE 5, 193, 196; RAG Bensh. 6, 45 ff.; 13, 4499, 500; 20, 209, 210; RAG, JW 1930, 670 f.; BAGE 2, 326, 327 f.; BGH LM Nr. 9 zu § 546 ZPO; BGH NJW 1953, 1104; 1954, 110; BGH MDR 1971, 569; BVerwG, JR 1956, 31, 32; BVerwG, MDR 1973, 251; BSGE 3, 135, 138 f.; BFH 98, 326, 327 f.; *Auffarth,* NJW 1957, 484, 486; *Brill,* AuR 1966, 78, 79; *Feyock,* S. 35 ff.; *Müller,* Festschrift für

V. Beschränkung der Zulassung — 1. Qualitativ

daß der Zulassungsausspruch des judex a quo die Nachprüfung der anzufechtenden Entscheidung grundsätzlich[174] in vollem Umfange ermöglicht, lediglich beschränkt durch die Grenzen, die der Nachprüfbarkeit der Entscheidung in der betreffenden Instanz allgemein gezogen sind. Die volle Nachprüfbarkeit tritt unabhängig davon ein, aus welchem Grunde das Rechtsmittel zugelassen wurde (Grundsatz der Unabhängigkeit von Zulassungs- und Rechtsmittelgrund)[175]. Die Zulassung gibt also den gesamten Streitstoff zur Überprüfung durch die Rechtsmittelinstanz frei[176]. Wäre die Beschränkung auf eine bestimmte Rechtsfrage zulässig, so würde die Zulassung eine ihr nicht zukommende Sperrwirkung äußern. Das Rechtsmittelgericht dürfte nur die vom judex a quo ausdrücklich zugelassene Rechtsfrage(n) nachprüfen, weil auch nur insoweit die Statthaftigkeit des Rechtsmittels kraft Zulassung gegeben wäre. Insbesondere wäre dies praktisch auch gar nicht durchführbar. Das Rechtsmittelgericht kann den Rechtsstreit nicht in der Sache entscheiden, wenn es auf die Überprüfung bestimmter Rechtsfragen beschränkt ist. Der Rechtsmittelkläger kann ja auch nicht die Überprüfung der Entscheidung nur hinsichtlich bestimmter Rechtsfragen begehren. Der judex a quo darf die Zulassung und damit die Anfechtbarkeit seiner Entscheidung nicht weitgehend beschränken, als der Rechtsmittelkläger die Überprüfung der angefochtenen Entscheidung beschränken darf. Mit der Zulassung hat der judex a quo die Befugnis, das Ob der Nachprüfbarkeit zu ermöglichen, nicht jedoch die nachprüfbaren Rechtsfragen zu bestimmen[177].

Demnach hat der judex a quo die Zulassung unbeschränkt auszusprechen, auch wenn ein Zulassungsgrund nur auf eine von mehreren Rechtsfragen zutrifft.

b) Zulässigkeit der auf einen Klagegrund beschränkten Zulassung

Demgegenüber spielt die Frage der Beschränkbarkeit der Zulassung auf eine Klage(= Anspruchs)grund im Falle der Anspruchskonkur-

---

Herschel, S. 173; Savaète, AuR 1962, 264, 270; Vorndran, S. 114 f.; Weyreuther, Rdn. 24;a. A. BGHZ 7, 62 ff. mit ablehnender Anm. Baur, JZ 1953, 372, 374; Rosenberg / Schwab, § 143 I 4 a α; Stein / Jonas / Grunsky, § 546 ZPO, Anm. VI 2 a.

[174] Ausnahmen: gemäß §§ 137 Abs. 3 Satz 1 VwGO, 118 Abs. 3 Satz 1 FGO bei der zulassungsbedürftigen Verfahrensrevision, vgl. im einzelnen statt aller: Weyreuther, Rdn. 37 f.

[175] BVerwG, NJW 1961, 1737, 1738; Vorndran, S. 114 f.; Weyreuther, Rdn. 34.

[176] BGHZ 9, 357, 358; BGH LM Nr. 26 zu § 546 ZPO; BGH, NJW 1972, 1702; BVerwG, JR 1956, 31, 32; BSG, BVBl. 1964, 94.

[177] Baur, JZ 1953, 372, 374 spricht zutreffend davon, daß dem judex ad quem nicht die Marschroute vom judex a quo vorgeschrieben werden dürfe.

renz eine in der Praxis unbedeutende Rolle. Insbesondere gibt es dazu, soweit ersichtlich, keine höchstrichterliche Rechtsprechung[178]. Daraus wird man schließen können, daß die Gerichte in derartigen Fällen die Zulassung unbeschränkt aussprechen, die Frage der Zulässigkeit einer solchen Beschränkung daher niemals aktuell geworden ist.

Eine Zulassung ist für den judex a quo in gleichem Umfange beschränkbar, wie es die Rechtsmitteleinlegung für den Rechtsmittelkläger ist. Daß im Falle der Anspruchskonkurrenz die Beschränkung von Revisionseinlegung und -zulassung auf einen Klagegrund zulässig ist und nicht unserem Rechtsmittelsystem widerspricht, war unter der Herrschaft der bis zum Jahre 1964 geltenden Fassung von § 547 ZPO unbestreitbar. Danach gab es bei der Revision in Zivilsachen privilegierte und nicht privilegierte Klagegründe. Gemäß § 547 Abs. 1 Nr. 2 ZPO[179] fand die Revision ohne Zulassung und ohne Rücksicht auf den Wert des Beschwerdegegenstandes statt „in den Rechtsstreitigkeiten über Ansprüche, für welche die Landgerichte ohne Rücksicht auf den Wert des Streitgegenstandes ausschließlich zuständig sind" (sog. Fiskusprivileg, z. B. Amtshaftung)[180]. Beim Zusammentreffen eines privilegierten mit einem nicht privilegierten Klagegrund war die Revision hinsichtlich des letzten nur bei Vorliegen der Revisionssumme oder der Zulassung statthaft[181]. Im Falle des Nichterreichens der Revisionssumme bzw. der Nichtzulassung mußte der Revisionskläger daher seine Revision auf den privilegierten Klagegrund beschränken[182]. Der nicht privilegierte Klagegrund konnte dann auch bei (unselbständiger) Anschlußrevision nicht vom BGH nachgeprüft werden, denn aus deren akzessorischer Natur folgte, daß sie sich wie die Hauptrevision auf den privilegierten Klagegrund beschränken mußte[183]. Somit konnte auch der judex a quo die Zulassung auf den nicht privilegierten Klagegrund beschränken[184], wollte er diesen ebenfalls revisionsgerichtlicher Nachprüfbarkeit zugänglich machen. Die Beschränkbarkeit der Revisionszulassung galt aber darüber hinaus auch im Falle der Anspruchskonkurrenz zweier nicht privilegierter Klagegründe[185]. Durch die Abschaffung des Fiskus-

---

[178] Im Gegensatz zu der stattlichen Anzahl von Entscheidungen zur Unzulässigkeit der Beschränkung auf eine Rechtsfrage oben S. 54, Anm. 173.
[179] idF von Art. 2 Ziff. 88 des VereinheitlichungsG vom 12. September 1950 (BGBl. I, S. 455).
[180] Vgl. dazu im einzelnen *Bettermann*, JZ 1962, 167, 168.
[181] BGHZ 1, 369, 380 (m. w. N.); *Rosenberg*, 9. Aufl. 1961, S. 699; *Stein / Jonas / Pohle*, 17. Aufl. 1956, § 547 ZPO, Anm. III.
[182] BGHZ 36, 162, 165.
[183] BGHZ 36, 162, 166.
[184] Dgl. *Feyock*, S. 37 Anm. 1; *Vorndran*, S. 117.
[185] So wohl auch *Vorndran*, S. 117.

privilegs[186] ist nur die revisionsrechtliche Privilegierung bestimmter Ansprüche entfallen, an der Beschränkbarkeit von Revisionseinlegung und -zulassung auf einen Klagegrund hat sich dadurch nichts geändert.

Bestehen somit keine Bedenken gegen die Beschränkung der Zulassung auf einen Klagegrund[187], so ist allerdings einschränkend zu beachten, daß jede Zulassung die Entscheidungserheblichkeit der Rechtsfrage(n) voraussetzt, derentwegen sie ausgesprochen wurde[188]. Im Falle der Anspruchskonkurrenz ist ein Klagegrund nur dann entscheidungserheblich, wenn der judex a quo beide Klagegründe verneint hat, weil die Entscheidung des judex ad quem zu einer Verurteilung aus dem zugelassenen Klagegrund führen kann; ferner, wenn bei Bejahung des einen und Verneinung des anderen Klagegrundes die Zulassung auf den bejahten beschränkt wird, da das Rechtsmittelgericht zu einer Aufhebung der Verurteilung aus diesem Klagegrunde kommen kann. Hat der judex a quo hingegen beide Klagegründe bejaht oder bei Bejahung des einen und Verneinung des anderen die Zulassung auf den verneinten Grund beschränkt, so kann die Entscheidung des Rechtsmittelgerichts an der Verurteilung aus dem einen, nicht zugelassenen Klagegrund nichts mehr ändern. In diesen Fällen ist der zugelassene Klagegrund daher nicht entscheidungserheblich.

2. Zulässigkeit quantitativer Beschränkungen

Von der qualitativen Beschränkung einer Rechtsmittelzulassung ist die quantitative zu unterscheiden. Diese bezieht sich auf einen selbständigen und abtrennbaren Teil des Streitgegenstandes. Sie ist zulässig; der judex a quo ist dazu sogar verpflichtet, wenn und soweit ein gesetzlicher Zulassungsgrund nur auf einen solchen Teil zutrifft[189]. Eine derartige Beschränkung kommt in Betracht bei mehreren selbständigen Klagebegehren (objektive Klagehäufung)[190]. In diesem Falle kann nur

---

[186] Auf Grund von Art. 2 Ziff. 5 des G zur Änderung von Wertgrenzen und Kostenvorschriften in der Zivilgerichtsbarkeit vom 27. November 1964 (BGBl. I, S. 933).
[187] Dgl. *Grunsky*, ZZP 84, 129, 147 Anm. 44 a. E.; anders *Sell*, Probleme der Rechtmittelbegründung im Zivilprozeß, 1973, S. 119 ff. iVm. S. 83 f., 145.
[188] Siehe im einzelnen § 3 A IV 1.
[189] BVerwG, DVBl. 1960, 140; BSGE 3, 135, 138; BSG, DVBl. 1966, 102, 103; *Stein / Jonas / Grunsky*, § 546 ZPO, Anm. VI 2 a. In der Regel wird nur von der Befugnis zur quantitativen Zulassung gesprochen, nicht von der gesetzlichen Verpflichtung dazu: *Weyreuther*, Rdn. 46; *Auffarth*, NJW 1957, 484, 486; *Vorndran*, S. 110; *Eyermann / Fröhler*, § 132 VwGO, Rdn. 21.
[190] BGHZ 48, 134, 136; BGH, NJW 1968, 1476, 1477; BGH, MDR 1969, 39; BGH LM Nr. 22 zu § 218 BEG; BAG AP Nr. 2 zu § 72 ArbGG (Zulassungsrevision); BVerwG, DVBl. 1960, 140 f.; BVerwG, NJW 1961, 982, 983; BVerwG, DÖV 1961, 147; BVerwG, JR 1968, 473; BVerwG, MDR 1973, 251; BSGE 3,

§ 3. A. Materiell-rechtliche Zulässigkeit der Rechtsmittelzulassung

der zugelassene Anspruch vom judex ad quem nachgeprüft werden; der nicht zugelassene Anspruch selbst dann nicht, wenn der Rechtsmittelbeklagte ein (unselbständiges) Anschlußrechtsmittel einlegt[191].

Ferner ist eine Beschränkung zulässig bei Klage und Widerklage[192] sowie bei Berufung und Anschlußberufung[193], wo die Zulassung auf die Klage oder die Widerklage bzw. die Berufung oder Anschlußberufung beschränkt werden muß, wenn ein Zulassungsgrund nur insoweit vorliegt.

Eine quantitativ beschränkte Rechtsmittelzulassung ist immer dann zulässig, wenn es sich um einen tatsächlich und rechtlich selbständigen, abtrennbaren Teil des Streitgegenstandes handelt, auf den auch die Prozeßpartei selbst das Rechtsmittel hätte beschränken können[194], d. h. Teilzulassung ist zulässig, soweit Teilanfechtung möglich.

Daher kann bei einem nach Grund und Betrag streitigen Anspruch ein Rechtsmittel nur in bezug auf die Entscheidung über die Höhe des Betrages zugelassen werden[195]. Hat der Beklagte gegen den Klageanspruch aufgerechnet, so kann die Zulassung auf die Entscheidung über den Bestand der Forderung oder der Gegenforderung beschränkt werden[196]. Bei der Geltendmachung der Aufrechnung durch den Beklagten handelt es sich um eine qualifizierte Einwendung insofern, als die Aufrechnung eine „unterentwickelte Widerklage" darstellt und vom geltenden Recht in mehrfacher Hinsicht anders als alle übrigen Verteidigungsmittel behandelt wird[197]. Qualifiziert sind auch bestimmte Einreden, die eine unbedingte Verurteilung verhindern, wie die Einreden des Zurückbehaltungsrechts und des nichterfüllten Vertrags[198], und daher eine „unterentwickelte Aufrechnung" darstellen. Eine Partei kann demnach ein Urteil nur wegen der Gewährung oder der Versagung dieser Einreden oder wegen deren Umfang angreifen, wenn sie im einzelnen

---

135, 139; *Stein / Jonas / Grunsky*, § 546 ZPO, Anm. VI 2 a; *Eyermann / Fröhler*, § 132 VwGO, Rdn. 21; *Weyreuther*, Rdn. 47; *Vorndran*, S. 117; a. A. RAG Bensh 8, 444, 447; 20, 209, 210; *Dietz / Nikisch*, § 69 ArbGG, Rdn. 26; *Müller*, Festschrift für Herschel, S. 173; *Savaète*, AuR 1962, 264, 270; BFH 98, 326, 327 f. für das finanzgerichtliche Verfahren.

[191] BGH, NJW 1968, 1476, 1477.
[192] BSGE 3, 135, 139; *Vorndran*, S. 117; *Weyreuther*, Rdn. 47.
[193] BAGE 2, 325, 327 ff.; *Stein / Jonas / Grunsky*, § 546 ZPO, Anm. VI 2 a; *Rohwer-Kahlmann*, § 162 SGG, Rdn. 11; *Weyreuther*, Rdn. 48.
[194] So in bezug auf die Revisionszulassungen: BGHZ 53, 152 f.; *Grunsky*, ZZP 84, 129, 146 ff.; *Weyreuther*, Rdn. 50; *Sell* (Fußn. 187), S. 83 f., 145.
[195] *Stein / Jonas / Grunsky*, § 546 ZPO, Anm. VI 2 a.
[196] BGHZ 53, 152, 155 = JZ 1970, 504 ff. mit zust. Anm. *Pawlowski; Stein / Jonas / Grunsky*, § 546 ZPO, Anm. VI 2 a.
[197] *Bettermann*, NJW 1972, 2285, 2287; *Sell* (Fußn. 187), S. 88.
[198] §§ 274, 322 BGB.

Fall in tatsächlicher und rechtlicher Hinsicht unabhängig von dem übrigen Prozeßstoff beurteilt werden können[199]. Insoweit ist daher auch die Beschränkung der Zulassung möglich. Unrichtig dagegen ist die Ansicht von *Grunsky*, die Revisionseinlegung oder die Aufhebung und Zurückverweisung des angefochtenen Urteils könne auf beliebige Einwendungen und Einreden, Angriffs- oder Verteidigungsmittel beschränkt werden mit der Folge, daß auch der judex a quo die Revisionszulassung darauf beschränken könne[200].

Eine quantitative Beschränkung ist auch in personeller Hinsicht möglich. Bei einfacher Streitgenossenschaft[201] — aktiver wie passiver — ist die Beschränkung auf einen oder mehrere Streitgenossen zulässig[202]. Streitgenossenschaft bedeutet die Zusammenfassung mehrerer Einzelprozesse zu einem gemeinsamen Verfahren[203]; es handelt sich also hinsichtlich jedes Streitgenossen um einen rechtlich selbständigen und abtrennbaren (!)[204] Teil, jeder Streitgenosse kann ja auch selbständig ein Rechtsmittel einlegen[205]. Unzulässig ist die Beschränkung hingegen bei notwendiger Streitgenossenschaft wegen der Notwendigkeit einheitlicher Entscheidung gegenüber allen Streitgenossen[206].

B. DIE VERFAHRENSRECHTLICHEN (FORMELLEN) ZULÄSSIGKEITSVORAUSSETZUNGEN

1. Rechtsmittelzulassung und Entscheidung in der Hauptsache

Als prozessuale Nebenentscheidung hängt die Rechtsmittelzulassung mit der Entscheidung in der Hauptsache eng zusammen. Deshalb fordern die einschlägigen Vorschriften, daß sie „im Urteil"[1], „im Be-

---

[199] So für das Zurückbehaltungsrecht: BGHZ 45, 287, 289.
[200] ZZP 84, 129, 142 ff.; wie hier: BGHZ 9, 357, 358; BGH LM Nr. 27 zu § 546 ZPO; *Savaète*, AuR 1962, 264, 270.
[201] §§ 59 ff. ZPO, gemäß §§ 64 VwGO, 74 SGG, 59 FGO in den Verwaltungsprozessen entsprechend anwendbar.
[202] BGH LM Nr. 9 zu § 546 ZPO; BGH, MDR 1969, 39; BAGE 2, 331, 332 f.; 3, 135, 138; *Stein / Jonas / Grunsky*, § 546 ZPO, Anm. VI 2 a; *Müller*, Festschrift für Herschel, S. 173; *Savaète*, AuR 1962, 264, 270; *Vorndran*, S. 116 f.
[203] Statt aller: *Baumbach / Lauterbach / Albers / Hartmann*, Übers, vor § 59 ZPO, Anm. 1.
[204] Vgl. § 145 Abs. 1 ZPO.
[205] Statt aller: *Baumbach / Lauterbach / Albers / Hartmann*, § 61 ZPO, Anm. 2 B.
[206] *Stein / Jonas / Grunsky*, § 546 ZPO, Anm. VI 2 a.
[1] So §§ 546 Abs. 1 ZPO, 61 Abs. 3 Satz 1, 69 Abs. 3 Satz 1, 72 Abs. 1 Satz 1 ArbGG, 145 Abs. 1 Nr. 3 BRAO, 127 Abs. 1 Nr. 3 PatentAO, 150 Nr. 1, 160 Abs. 1 SGG, 46 Abs. 1 BLG, 10 Abs. 1 G über unentgeltliche Beförderung, 33 Abs. 1 Satz 1 2. WohngeldG.

schluß"², „in der Entscheidung"³ bzw. „in der Endentscheidung"⁴ des judex a quo auszusprechen ist⁵.

Für die Zulassung in Verfahrensordnungen, die nicht ausdrücklich vorschreiben, wo sie auszusprechen ist⁶, wird teilweise die Ansicht vertreten, sie könne in einem von der Hauptentscheidung gesonderten Beschluß erfolgen⁷. Andere dagegen fordern auch hier, daß die Zulassung im Urteil bzw. im Beschluß zur Hauptsache ausgesprochen werden müsse; es sei kein Grund ersichtlich, der eine Abweichung von den übrigen Verfahrensordnungen rechtfertigen könne; der innere Zusammenhang zwischen Zulassung und Entscheidung in der Hauptsache müsse auch durch die räumliche Verbindung manifestiert werden⁸. M. E. besteht dafür keine Notwendigkeit. Mit Ausnahme der Verfahrensordnungen, in denen das Gesetz vorschreibt, wo die Zulassung zu erfolgen hat, kann sie auch in einem von der Entscheidung zur Hauptsache getrennten Beschluß ausgesprochen werden. So hängt die Streitwertfestsetzung ebenfalls eng mit dem Streitgegenstand zusammen und hat Bedeutung für die Anfechtbarkeit der Entscheidung; dennoch erfolgt sie in einem gesonderten Beschluß. Gleiches gilt von der Zulassung auf eine Nichtzulassungsbeschwerde. Es handelt sich um eine reine Zweckmäßigkeitsfrage, ob man die Zulassung hier in einem besonderen Beschluß zuläßt oder nicht. Jedenfalls ist sie nicht deshalb fehlerhaft.

2. Der Ausspruch der Zulassung

Als Nebenentscheidung hat die Zulassung unter Mitwirkung der an der Entscheidung zur Hauptsache beteiligten Richter zu erfolgen⁹. Un-

---

² So §§ 77 Satz 1, 92 Abs. 3 Satz 1 ArbGG, 41 p Abs. 1 PatentG, 13 Abs. 5 Satz 1 WZG, 10 Abs. 5 Satz 1 GebrMG, 24 Abs. 1 Satz 1 LwVG.

³ So §§ 34 Abs. 2 Satz 1 WehrpflG, 75 Abs. 2 Satz 1 ErsatzdienstG.

⁴ So §§ 339 Abs. 1 LAG (einschließlich der darauf verweisenden §§ 38 Abs. 1 FeststellungsG, 39 Abs. 1 Beweissicherungs- u. FeststellungsG), 23 Abs. 1 KriegsgefEG.

⁵ Vgl. auch BGH, NJW 1956, 831; BAG AP Nr. 58 zu § 72 ArbGG; BAG AP Nr. 3 zu § 92 ArbGG.

⁶ So §§ 125 Abs. 2 Satz 4, 132 Abs. 1 VwGO, 115 Abs. 1 FGO, 219 Abs. 1 BEG, 81 Abs. 1 DRiG, 73 Abs. 1 GWB, 79 Abs. 2 OWiG, 14 Abs. 3 Satz 2, 156 Abs. 2 Satz 2 KostenO.

⁷ Für § 132 Abs. 1 VwGO: *Redeker / von Oertzen*, § 132 VwGO, Rdn. 16; *Schunck / De Clerck*, § 132 VwGO, Anm. 4 a. Für § 115 Abs. 1 FGO: *Ziemer / Birkholz*, § 115 FGO, Rdn. 37; *Gräber*, DStR 1968, 173, 175; *Sauer*, BB 1969, 1119.

⁸ In diesem Sinne: *Baring*, Gutachten, S. 88; *Rönitz*, BB 1968, 662, 663; *Eyermann-Fröhler*, § 132 VwGO, Rdn. 21; *Ule*, § 132 VwGO, Anm. II 1; *Weyreuther*, Rdn. 163.

⁹ *Müller*, NJW 1955, 1740; *Gräber*, DStR 1968, 173, 175; *Koehler*, § 132 VwGO, Anm. B II 5; *Weyreuther*, Rdn. 162.

2. Der Ausspruch der Zulassung

zulässig ist demnach eine Zulassung nur durch den Vorsitzenden[10] oder unter Ausschluß der an der Entscheidung zur Hauptsache beteiligten Laienrichter[11].

Die Rechtsmittelzulassung bedarf eines eindeutigen und ausdrücklichen Ausspruchs des judex a quo. Die bloße Beifügung einer Rechtsmittelbelehrung reicht dafür nicht aus[12]. Diese enthält keine Willenserklärung über die Zulassung, sondern ist allenfalls eine Mitteilung oder Auskunft[13]. Sie kann daher schon rein tatbestandlich keine Rechtsmittelzulassung sein. Daher kann die Frage der Wirkungslosigkeit nicht auftreten.

Herrschende Lehre und Rechtsprechung halten es für unerheblich, ob die Zulassung im Tenor oder in den Entscheidungsgründen ausgesprochen wird[14]. Zwar sei eine Zulassung im Tenor der Klarheit wegen wünschenswert, eine in den Gründen ausgesprochene Zulassung deshalb nicht unzulässig. Damit zusammen hängt das Verkündigungserfordernis. Ist die Zulassung im Tenor ausgesprochen, so nimmt sie an dessen Verkündung teil[16]. Andernfalls besteht kein selbständiges Verkündungserfordernis[17], weil es nur die Urteilsformel erfaßt (§ 311 Abs. 2 ZPO). Das gilt jedoch nicht, wo die Verkündung ausnahmsweise auf die Bekanntgabe des wesentlichen Inhalts der Entscheidungsgründe zu erstrecken ist[18]. Hier wird die Zulassung vom Verkündungserfordernis erfaßt[19].

---

[10] *Müller*, NJW 1955, 1740.

[11] *Müller*, NJW 1955, 1740; *Koehler*, § 132 VwGO, Anm. B II 5.

[12] BAGE 1, 33, 34; BAG AP Nr. 3 zu § 92 ArbGG; BAG, NJW 1973, 870; VGH München, E 15 I, 55, 57 f.; VGH Kassel, NJW 1961, 92; OVG Hamburg, NJW 1961, 1084; OVG Münster, NJW 1962, 2221; BSGE 2, 121, 125 f.; 4, 261, 263; 8, 147, 148; *Müller*, NJW 1955, 1740; *Weyreuther*, Rdn. 165; *Hastler*, SozGerbkt. 1955, 257.
a. A. BFH BStBl. 1967 III, 396, 397; Beschluß des OVG Lüneburg, erwähnt bei *Buchholz*, DVBl. 1952, 361, 363 Anm. 21.

[13] *Müller*, NJW 1955, 1740; *Weyreuther*, Rdn. 165.

[14] RGZ 162, 124, 125; RG WarnRspr. 1933, Nr. 73; BGHZ 20, 188, 189; BGH NJW 1956, 831; 1970, 609, 610; BAGE 2, 358, 363; 9, 205, 208 f.; BAG AP Nr. 58 zu § 72 ArbGG; BSGE 2, 245, 246 f.; 4, 206, 210; BFH 88, 361, 362; *Weyreuther*, Rdn. 164; *Bentzien*, NJW 1959, 1214; *Brill*, AuR 1966, 78 f.; *Hastler*, SozGerbkt. 1955, 257; *Haueisen*, SozGerbkt. 1955, 1.

[15] In diesem Sinne: *Brill*, AuR 1966, 78 f.; *Hastler*, SozGerbkt. 1955, 257; *Haueisen*, SozGerbkt. 1955, 1; *Johannsen*, Anm. zu BGH LM Nr. 19 zu § 546 ZPO; *Müller*, NJW 1955, 1740; *Paulus*, ZZP 71, 188, 202; *Rönitz*, BB 1968, 662, 663; *Weyreuther*, Rdn. 164; *Stein / Jonas / Grunsky*, § 546 ZPO, Anm. VI 3 a; *Eyermann / Fröhler*, § 132 VwGO, Rdn. 21.

[16] *Weyreuther*, Rdn. 166.

[17] RGZ 162, 124, 125; BGH, NJW 1958, 831.

[18] Vgl. §§ 60 Abs. 2 ArbGG; 132 Abs. 2 Satz 2 SGG.

[19] BSGE 4, 206, 209; *Brill*, AuR 1966, 78, 79; *Savaète*, AuR 1962, 264, 269 f.; den Unterschied zwischen ZPO und ArbGG betonen besonders RGZ 162, 124 f.; RAGE 21, 221, 222.

§ 3. B. Verfahrensrechtliche Zulässigkeit der Rechtsmittelzulassung

Ich meine, daß es sehr wohl erheblich sein kann, ob die Zulassung im Tenor oder in den Gründen ausgesprochen wird. Entscheidend ist, ob die Entscheidung bei fehlender Zulassung mit der Verkündung rechtskräftig wird. Bei derartigen Entscheidungen halte ich die Zulassung in den Gründen deshalb für unzulässig, weil sie dann nicht verkündet zu werden braucht[20], aber mit Verkündung des Tenors ohne den Zulassungsausspruch eine rechtskräftige Entscheidung vorliegt.

Fraglich ist also, bei welchen Entscheidungen das der Fall ist. Zulassungsfähige Entscheidungen werden wegen der Möglichkeit zulassungsfreier Rechtsmittel nicht schon mit ihrer Verkündung, sondern erst mit Ablauf der Rechtsmittelfrist rechtskräftig[21]. Das gilt insbesondere dort, wo die Statthaftigkeit eines Rechtsmittel ohne Zulassung darauf beruht, daß der Rechtsmittelkläger einen wesentlichen Verfahrensmangel oder eine Rechtsverletzung bei Beurteilung bestimmter Kausalitätsfragen rügt[22]. Ferner werden erst mit Ablauf der Revisionsfrist rechtskräftig: Urteile der Oberlandesgerichte bei fehlender Zulassung und Nichterreichen der Revisionssumme wegen der zulassungsfreien Revision nach § 547 ZPO[23], Urteile der Landesarbeitsgerichte unter den gleichen Voraussetzungen wegen der zulassungsfreien Divergenzrevision[24].

Demgegenüber werden folgende Entscheidungen bei fehlender Zulassung bereits mit ihrer Verkündung rechtskräftig: Urteile der Ehrengerichtshöfe in Anwalts-(Patentanwalts-)Sachen, wenn keine der in §§ 145 Abs. 1 Nr. 1, 2 BRAO, 127 Abs. 1 Nr. 1, 2 PatentAO genannten Voraussetzungen vorliegt; Beschlüsse im Bußgeldverfahren, in denen keine höhere Geldbuße als 200 DM festgesetzt ist und die keine der in § 79 Abs. 1 Satz 1 Nr. 2—5 OWiG genannten Voraussetzungen erfüllen[25]; Urteile der Arbeitsgerichte bei Nichterreichen der Berufungssumme[26];

---

[20] Von den erwähnten Ausnahmen abgesehen, wo auch die wesentlichen Entscheidungsgründe unter bestimmten Voraussetzungen mit zu verkünden sind.

[21] *Vorndran*, S. 78.

[22] Siehe oben § 2, 3 b.

[23] BGHZ 4, 294 f.; 44, 395, 398; BGH, JZ 1951, 18; OLG Bamberg, JZ 1951, 273; OLG Celle, NJW 1951, 891 f.; *Stein / Jonas / Münzberg*, § 705 ZPO, Anm. II 1; im Entschädigungsverfahren nach BEG gilt § 221 Abs. 1 BEG.

[24] BAGE 9, 205, 208; *Dietz / Nikisch*, § 62 ArbGG, Rdn. 6; § 547 ZPO ist im ArbGG dagegen nicht anwendbar: BAG AP Nr. 12 zu § 72 ArbGG; *Stein / Jonas / Grunsky*, § 547 ZPO, Anm. IV; gleiches gilt im Beschlußverfahren wegen der zulassungsfreien Divergenzrechtsbeschwerde nach § 92 Abs. 1 Satz 2 ArbGG und für Beschlüsse der Oberlandesgerichte in Landwirtschaftssachen wegen § 24 Abs. 2 Nr. 1 LwVG.

[25] *Göhler*, 3. Aufl. 1973, § 89 OWiG, Anm. 2.

[26] BAGE 9, 205, 207; *Baumgärtel*, SAE 1960, 171; *Dietz / Nikisch*, § 62 ArbGG, Rdn. 6; *Dersch / Volkmar*, § 62 ArbGG, Rdn. 3.

3. Berichtigung und Ergänzung hinsichtlich der Zulassung

Urteile der Verwaltungsgerichte im Verfahren nach dem Bundesleistungsgesetz[27], dem Gesetz über die unentgeltliche Beförderung von Kriegs- und Wehrdienstbeschädigten sowie von anderen Behinderten im Nahverkehr[28] und dem 2. WohngeldG[29], sowie Entscheidungen der Landgerichte in Kostensachen der freiwilligen Gerichtsbarkeit und der Notare[30]. Bei diesen Entscheidungen ist also die Zulassung im Tenor erforderlich.

3. Berichtigung und Ergänzung der Entscheidung hinsichtlich der Zulassung

Fraglich ist, ob eine Rechtsmittelzulassung nachträglich erfolgen kann und auf welchem Wege dies zu geschehen hätte. Im einzelnen sind folgende Fälle denkbar:

1. Die Zulassung ist ordnungsgemäß beschlossen und verkündet, bei der schriftlichen Abfassung der Entscheidung jedoch vergessen worden,
2. Die Zulassung ist zwar ordnungsgemäß beschlossen, jedoch weder verkündet noch in die schriftliche Entscheidung aufgenommen worden.
3. Die Zulassung ist ordnungsgemäß beschlossen und in die schriftliche Entscheidung, nicht jedoch in den Tenor aufgenommen und somit nicht verkündet worden.
4. Eine Beschlußfassung über die Zulassung hat nicht stattgefunden; nach Verkündung und/oder Zustellung der Entscheidung soll sie nachgeholt werden.

a) Die Berichtigung hinsichtlich der Zulassung

aa) Unproblematisch ist zunächst der 1. Fall. Ist die Zulassung vom judex a quo beschlossen und verkündet, nicht jedoch in die schriftliche Entscheidung aufgenommen worden, so liegt eine offenbare Unrichtigkeit im Sinne der Vorschriften über die Urteilsberichtigung[31] vor. Diese Vorschriften gelten auch bei Abweichung der schriftlichen von der verkündeten Fassung des Urteils[32]. „Offenbar" ist die Unrichtigkeit der

---

[27] Vgl. § 46 Abs. 1 BLG.
[28] Vgl. § 10 Abs. 1 (BGBl. I, 1965, S. 978).
[29] Vgl. § 33 Abs. 1 Satz 1 (BGBl. I, 1970, S. 1637).
[30] Vgl. §§ 14 Abs. 3 Satz 2, 156 Abs. 2 Satz 2 KostenO.
[31] §§ 319 Abs. 1 ZPO, 118 Abs. 1 VwGO, 138 Satz 1 SGG, 107 Abs. 1 FGO.
[32] RGZ 55, 278, 280; *Stein / Jonas / Schumann / Leipold*, § 319 ZPO, Anm. I 3; anders *Osterloh*, Die Berichtigung gerichtlicher Entscheidungen nach § 319 ZPO, Diss. München 1970, S. 86.

schriftlichen Fassung deshalb, weil sie aus dem Verkündungsprotokoll und im Zusammenhang mit der schriftlichen Entscheidung auch für jeden Außenstehenden erkennbar ist[33]. Der judex a quo ist hier also zur Berichtigung jederzeit berechtigt und verpflichtet[34].

bb) Umstritten ist hingegen die Zulässigkeit der Berichtigung, wenn die Zulassung zwar beschlossen, aber weder verkündet noch in die schriftliche Entscheidung aufgenommen wurde (2. Fall). Hier fehlt es — im Gegensatz zum 1. Fall — an einer relevanten Verlautbarung des Zulassungswillens des judex a quo; denn der Beschluß, das Rechtsmittel zuzulassen, ist ein in geheimer Beratung sich abspielender interner Vorgang, der nach außen nicht in Erscheinung tritt[35].

Die Rechtsprechung lehnt die Berichtigung hier mit der Begründung ab, daß davon nur solche Unrichtigkeiten erfaßt werden, die sich aus dem Zusammenhang der Entscheidung oder mindestens in Verbindung mit dem Protokoll ergeben. Da hier die Unrichtigkeit nicht nach außen in Erscheinung trete, könne auch bei weitestgehender Ausdehnung des Begriffs von einer „offenbaren" Unrichtigkeit nicht mehr gesprochen werden[36]. Dagegen wird eingewandt, die Zulässigkeit der Berichtigung in dieser Weise zu beschränken, hieße, sie davon abhängig machen, wann das Gericht das Versehen bemerkt. Durch die Auslegung des Begriffs der „offenbaren" Unrichtigkeit als einer dem Außenstehenden erkennbaren Diskrepanz zwischen Gewolltem und tatsächlich Ausgesprochenem werde in vielen Fällen eine Berichtigung unmöglich gemacht, weil die Diskrepanz eben oft nicht nach außen erkennbar werde[37]. Um diese Unzuträglichkeit zu vermeiden, müsse auch in diesem Falle eine Berichtigung zulässig sein[38].

Diese Ansicht erweckt jedoch Bedenken in verschiedener Hinsicht. Nicht nur, daß dadurch — wie sie übrigens selbst zugibt — das Erfordernis der „offenbaren" Unrichtigkeit fast zur Bedeutungslosigkeit abgeschwächt wird[39]. Bedenken ergeben sich ferner aus folgendem: Ein

---

[33] Die Erkennbarkeit der Unrichtigkeit für den Außenstehenden fordern: BSG, NJW 1963, 126; *Savaète*, AuR 1962, 264, 271.

[34] BAGE 9, 205, 207; *Hastler*, SozGerbkt. 1955, 257; *Menkens*, AuR 1966, 174; *Weyreuther*, Rdn. 172.

[35] *Savaète*, AuR 1962, 264, 271.

[36] BGHZ 20, 188, 191 f.; BGH, NJW 1958, 1917; BAGE 9, 205, 208 f.; BSG, NJW 1963, 126; dgl. *Stein / Jonas / Grunsky*, § 511 a ZPO, Anm. V 2; *Savaète*, AuR 1962, 264, 271; *Vorndran*, S. 76.

[37] *Stein / Jonas / Schumann / Leipold*, § 319 ZPO, Anm. I 2.

[38] So im Ergebnis: *Stein / Jonas / Schumann / Leipold*, § 319 ZPO, Anm. I 5; *Dietz / Nikisch*, § 72 ArbGG, Rdn. 21; *Ule*, § 132 VwGO, Anm. II 1 iVm § 131 VwGO, Anm. III 1; *Brill*, AuR 1966, 78, 80; *Müller*, Festschrift für Herschel, S. 172 f.; *Schneider*, ZZP 65, 468, 472 f.; *Paulus*, ZZP 71, 188, 205 f.

[39] Vgl. *Stein / Jonas / Schumann / Leipold*, § 319 ZPO, Anm. I 2.

3. Berichtigung und Ergänzung hinsichtlich der Zulassung

Berichtigungsbeschluß kann auch von solchen Richtern gefaßt werden, die bei der Beratung über die Zulassung nicht mitgewirkt haben. Eine erkennbare Diskrepanz zwischen Gewolltem und Ausgesprochenem gibt auch ihnen die Möglichkeit zur Berichtigung[40]. Daraus folgt, daß bei der nicht verlautbarten Rechtsmittelzulassung eine Berichtigung ausscheidet. Die berichtigenden Richter könnten, wenn sie nicht mit den zulassenden Richtern identisch sind, den Zulassungswillen gar nicht erkennen, weil er nirgendwo festgehalten ist. Schließlich spricht gegen die Zulässigkeit der Berichtigung, daß sie nicht fristgebungen ist[41]. Die Berichtigung könnte also — sei es auf Antrag, sei es von Amts wegen[42] — noch nach Jahr und Tag erfolgen, d. h. in einem Zeitpunkt, in dem die betreffende Entscheidung bereits rechtskräftig ist. Eine rechtskräftige Entscheidung kann aber durch Berichtigung um den Zulassungsausspruch nicht wieder anfechtbar gemacht werden. Einmal hat der Rechtsmittelgegner ein schutzwürdiges Interesse daran, innerhalb der Rechtsmittelfrist zu wissen, ob die Entscheidung angefochten wird oder nicht. Zum anderen widerspricht das dem Sinn der Rechtskraft, der gerade in der Schaffung von Rechtssicherheit und Rechtsfrieden besteht. Zwar liegt bei Entscheidungen, die erst mit Ablauf der Rechtsmittelfrist rechtskräftig werden, kein Eingriff in die Rechtskraft vor, wenn die Berichtigung noch vor Ablauf dieser Frist erfolgt. Jedoch kann die Zulässigkeit der Berichtigung nicht davon abhängen, ob der Berichtigungsbeschluß vor oder nach Eintritt der Rechtskraft ergeht, weil dies weitgehend vom Zufall bestimmt wird. Im übrigen sprechen auch hier die erwähnten Gründe gegen die Zulässigkeit der Berichtigung[43].

Daher halte ich die Berichtigung bei beschlossener aber nicht verlautbarer Rechtsmittelzulassung für unzulässig.

cc) Bei beschlossener und in die schriftliche Entscheidung, nicht jedoch in den Tenor aufgenommener und somit nicht verkündeter Zulassung (3. Fall) ist für die Zulässigkeit der Berichtigung des Tenors zu unterscheiden:

Handelt es sich um eine Entscheidung, die erst mit Ablauf der Rechtsmittelfrist rechtskräftig wird, so bewirkt auch eine in den Entscheidungsgründen ausgesprochene Zulassung die Statthaftigkeit des Rechtsmittels[44]. Eine Berichtigung des Tenors hat nur deklaratorische Wirkung.

---

[40] So BGHZ 20, 188, 192; BAG AP Nr. 4 zu § 319 ZPO.
[41] Zur Fristlosigkeit der Berichtigung: *Stein / Jonas / Schumann / Leipold*, § 319 ZPO, Anm. II 2.
[42] *Stein / Jonas / Schumann / Leipold*, § 319 ZPO, Anm. II 1.
[43] Offengelassen in BAGE 9, 205, 207 f.
[44] Siehe oben S. 62.

Bei Entscheidungen, die die Zulassung im Tenor erfordern, ohne Zulassung dort also bereits mit Verkündung rechtskräftig werden[45], ist die Berichtigung des Tenors wegen des Eingriffs in die Rechtskraft unzulässig[46].

dd) Schließlich ist die Berichtigung unzulässig, wenn der judex a quo im Zeitpunkt der Verkündung bzw. schriftlichen Entscheidung die Zulassung noch gar nicht beschlossen hat und dies nachholen will[47] (4. Fall). Hier fehlt es an der erforderlichen Diskrepanz zwischen Wille und Verlautbarung, denn im Zeitpunkt der Verlautbarung der Entscheidung hatte der judex a quo noch gar keinen Willen zur Zulassung.

b) Unzulässigkeit der Ergänzung

Die Zulässigkeit der Entscheidungsergänzung bei fehlender Verlautbarung der Zulassung (2. Fall), nur in den Entscheidungsgründen ausgesprochener, aber im Tenor erforderlicher Zulassung (3. Fall) und fehlender Beschlußfassung über die Zulassung (4. Fall) ist heftig umstritten.

Praktische Bedeutung erlangt die Ergänzung allerdings in erster Linie in Verfahrensordnungen ohne Nichtzulassungsbeschwerde. Diese findet ja nicht nur bei ausdrücklicher Ablehnung der Zulassung statt, sondern auch im Falle gänzlichen Fehlens einer Zulassungsentscheidung oder ihrer Verlautbarung[48]. Daher können in Verfahrensordnungen mit Nichtzulassungsbeschwerde diese und der Antrag auf Entscheidungsergänzung nebeneinander geltend gemacht werden[49]. Jedoch wird hier die Ergänzung der Entscheidung um den Zulassungsausspruch wegen der Abhilfeverpflichtung des judex a quo bei der Nichtzulassungsbeschwerde naturgemäß eine geringere Rolle spielen.

Gegen eine entsprechende Anwendung der Vorschriften über die Entscheidungsergänzung[50] spricht zunächst, daß die Verfahrensordnungen diese Vorschriften in einer Reihe von Fällen für entsprechend anwendbar erklären — und zwar sowohl bei unterbliebenen Entscheidungen

---

[45] Siehe oben S. 62 f.
[46] BAGE 9, 205, 208 mit abl. Anm.; *Baumgärtel*, SAE 1960, 171.
[47] BAGE 3, 21, 22; OLG Hamburg, MDR 1964, 603; *Paulus*, ZZP 71, 188, 204 f.
[48] Anders *Weyreuther*, Rdn. 189, nach dem sich die Nichtzulassungsbeschwerde nur gegen die abgelehnte Zulassung richtet.
[49] BVerwG, RdL 1966, 251 f.; *Weyreuther*, Rdn. 208.
[50] Eine unmittelbare Anwendung der §§ 321 ZPO, 120 VwGO, 140 SGG, 109 FGO kommt nicht in Betracht, weil es sich bei der Zulassung nicht um einen „von der Partei geltend gemachten Haupt- oder Nebenanspruch" handelt: BGHZ 44, 395, 396; OLG Hamburg, MDR 1964, 603; *Vorndran*, S. 77; *Schneider*, ZZP 65, 468, 472; *Savaète*, AuR 1962, 264, 271.

3. Berichtigung und Ergänzung hinsichtlich der Zulassung

des materiellen Rechts als auch des Prozeßrechts, auch bei solchen, die von Amts wegen ergehen[51] —, nicht jedoch bei unterbliebener Rechtsmittelzulassung.

Gegen die Zulässigkeit der Ergänzung spricht ferner, daß es sich in Wirklichkeit nicht — wie dafür erforderlich — um die Nachholung einer unterbliebenen Entscheidung handelt. Vielmehr würde die Ergänzung in Widerspruch zu § 318 ZPO die Abänderung einer bereits getroffenen Entscheidung darstellen, weil ein fehlender bzw. nicht verlautbarer Zulassungsausspruch die Nichtzulassung des Rechtsmittels bedeutet[52]. Die Entscheidungsergänzung ist keine Entscheidungsänderung, also keine Ausnahme vom Abweichungsverbot des § 318 ZPO[53]. Dieses Verbot ist auch bei der Ergänzung zu beachten, eine dagegen verstoßende Ergänzung, wie die um den Zulassungsausspruch, ist daher unzulässig.

Die unterbliebene oder nicht verlautbarte Rechtsmittelzulassung ist auch nicht vergleichbar mit der Nebenentscheidung über die Kosten. Das Schweigen über die Kostenfolge kann nicht dahin verstanden werden, daß keine Partei Kosten zu tragen habe. Die Entscheidung ist vielmehr unvollständig[54]. Demgegenüber bedeutet das Schweigen über die Zulassung, daß das Rechtsmittel nicht zugelassen ist[55], unabhängig davon, weshalb die Entscheidung schweigt, ob also die Zulassung nur nicht verlautbart ist, eine Beschlußfassung überhaupt nicht stattgefunden hat oder die Nichtzulassung beschlossen wurde und deshalb ein Zulassungsausspruch nicht erfolgt ist. Das Schweigen ist hier also — im Gegensatz zum Schweigen über die Kosten — beredt, die Entscheidung ist daher nicht unvollständig[56].

Schließlich ist die Zulässigkeit der Ergänzung abzulehnen, weil sie einen Eingriff in die Rechtskraft darstellt[57]. Der Antrag auf Entschei-

---

[51] Vgl. §§ 302 Abs. 2, 599 Abs. 2, 716, 721 Abs. 1 Satz 1 ZPO.
[52] BGHZ 44, 395, 297; *Müller*, Festschrift für Herschel, S. 172; *Stein / Jonas / Grunsky*, § 511 a ZPO, Anm. V 2; *Dersch / Volkmar*, § 69 ArbGG, Rdn. 15.
[53] *Peter*, Das Ergänzungsurteil, Diss. Leipzig, 1914, S. 6; *Stein / Jonas / Schumann / Leipold*, § 318 ZPO, Anm. II.
[54] *Peter*, S. 19.
[55] BGHZ 44, 395, 397; BAGE 9, 205, 210.
[56] Ebenso beim Schweigen über die vorläufige Vollstreckbarkeit, weil das bedeutet, daß die Entscheidung nicht vorläufig vollstreckbar ist.
[57] BGHZ 44, 395, 399; RG JW 1935, 3224; 1936, 102; RAG, ArbRS 29, 104, 108; 26, 197, 199; BAG AP Nr. 1 zu § 319 ZPO; *Brill*, AuR 1966, 78, 79; *Dersch / Volkmar*, § 61 ArbGG, Rdn. 68; *Peters / Sautter / Wolff*, § 162 SGG, Anm. 2; anders: *Pohle*, Anm. zu BAG AP Nr. 1 zu § 319 ZPO; *Schneider*, ZZP 65, 468, 471 f.; *Vorndran*, S. 77 f., nach denen ein Eingriff in die Rechtskraft wegen der Möglichkeit zulassungsfreier Rechtsmittel auch bei der Ergänzung gar nicht möglich ist.

dungsergänzung⁵⁸ um die Zulassung hemmt nämlich — im Gegensatz zur Einlegung der Nichtzulassungsbeschwerde — nicht den Eintritt der Rechtskraft⁵⁹, so daß die Ergänzung eine bereits unanfechtbare Entscheidung wieder anfechtbar machen könnte. Eine Ergänzung macht ja ein Urteil auch dann nicht wieder anfechtbar, wenn sie hinsichtlich eines von der Partei geltend gemachten Hauptanspruchs erfolgt. Ist die erforderliche Rechtsmittelsumme nicht erreicht, so wird dieses Urteil nicht dadurch anfechtbar, daß zusammen mit dem Ergänzungsurteil diese Summe erreicht wird. Ein Rechtsmittel gegen das ergänzte Urteil erstreckt sich nicht gleichzeitig auf das Ergänzungsurteil⁶⁰. Daher muß für die Anfechtbarkeit des ergänzten Urteils dieses die Rechtsmittelsumme erreichen oder eine Zulassung vorliegen, wie umgekehrt die Anfechtbarkeit des Ergänzungsurteils allein von dessen Inhalt und Gegenstand abhängt⁶¹, so daß ein Ergänzungsurteil nicht die Unanfechtbarkeit des ergänzten Urteils beseitigen kann.

Im Gegensatz zur Ergänzung um einen „von der Partei geltend gemachten Haupt- oder Nebenanspruch" läßt die Ergänzung einer Entscheidung um die Rechtsmittelzulassung deren Rechtskraft nicht unangetastet. Das Institut der Entscheidungsergänzung paßt daher nicht auf die Zulassung. Wo der Gesetzgeber gegen die unterbliebene oder nicht verlautbare Rechtsmittelzulassung keine Nichtzulassungsbeschwerde gibt, kann diese gesetzgeberische Lösung nicht mit Hilfe der Entscheidungsergänzung korrigiert werden. Daher halte ich eine Entscheidungsergänzung um den Zulassungsausspruch in jedem Falle für unzulässig⁶².

---

⁵⁸ Also keine Ergänzung von Amts wegen: §§ 321 Abs. 2 ZPO, 120 Abs. 2 VwGO, 109 Abs. 2 Satz 1 FGO, 140 Abs. 1 Satz 2 SGG.

⁵⁹ Zur Hemmung der Rechtskraft bei Einlegung der Nichtzulassungsbeschwerde: vgl. §§ 132 Abs. 4 VwGO, 115 Abs. 4 FGO, 160 a Abs. 3 SGG, 339 Abs. 2 Satz 3 LAG (mit den darauf verweisenden §§ 38 Abs. 1 FeststellungsG, 39 Abs. 1 Beweissicherungs- u. FeststellungsG), §§ 23 Abs. 2 Satz 3 KriegsgefEG, 220 Abs. 2 BEG, 81 Abs. 2 Satz 2 DRiG, 145 Abs. 4 BRAO, 127 Abs. 4 PatentAO; §§ 34 Abs. 3 Satz 1 WehrpflG, 75 Abs. 3 Satz 1 ErsatzdienstG (jeweils iVm § 132 Abs. 4 VwGO), § 74 Abs. 4 GWB iVm § 63 Abs. 1 GWB; §§ 46 Abs. 2 BLG, 10 Abs. 2 G über unentgeltl. Beförderung, 33 Abs. 2 2. WohngeldG (jeweils iVm § 131 Abs. 3 Satz 3 VwGO).

⁶⁰ RG JW 1937, 2776, 2778 mit zust. Anm. *Bley*; *Wieczorek*, § 321 ZPO, Anm. D I a 1.

⁶¹ RG, WarnRspr. 1909, Nr. 254; JR 1927, Nr. 1151; *Stein / Jonas / Schumann / Leipold*, § 321 ZPO, Anm. IV; *Wieczorek*, § 321 ZPO, Anm. D I a; *Blomeyer*, § 87 III 2.

⁶² Wie hier: BGHZ 44, 395 ff.; BAGE 2, 358, 362; BAG AP Nr. 1, Nr. 14 zu § 319 ZPO; Nr. 2 zu § 321 ZPO; BSGE 25, 202, 203 f.; *Brill*, AuR 1966, 78, 79; *Müller*, Festschrift für Herschel, S. 172; *Weyreuther*, Rdn. 174; *Stein / Jonas / Grunsky*, § 511 a ZPO, Anm. V 2.
a. A. OLG Hamburg, MDR 1964, 603; Hw. *Müller*, NJW 1955, 1740 (auch von Amts wegen und unbefristet); *Paulus*, ZZP 71, 188, 203 f.; *Schneider*, ZZP 65, 468, 471 f.; *Pohle*, Anm. zu BAG AP Nr. 1 zu § 319 ZPO; *Savaète*, AuR

4. Keine Begründungspflicht des judex a quo

Umstritten ist, ob der judex a quo verpflichtet ist, seine Rechtsmittelzulassung zu begründen[63]. Eine Begründung dient bei rechtsanwendenden Staatsakten in erster Linie dem Belasteten zur Entscheidung darüber, mit welcher Aussicht auf Erfolg er ein Rechtsmittel oder einen Rechtsbehelf dagegen einlegen kann[64]. Die Rechtsmittelzulassungen des geltenden Rechts als in der Regel Akte mit Doppelwirkung sind jedoch für den dadurch Belasteten generell unanfechtbar[65]. Von der Funktion der Begründung her ist sie hier also nicht erforderlich. Wenn z. B. § 219 Abs. 3 Satz 2 BEG ausdrücklich vorschreibt, daß die *anfechtbare Nichtzulassung* vom judex a quo zu begründen ist, so kann daraus der Schluß gezogen werden, daß die *unanfechtbare Zulassung* keiner Begründung bedarf[66]. Daß eine Begründung wünschenswert ist[67], ist etwas anderes. Jedenfalls kann die fehlende Begründung weder die Rechtmäßigkeit noch gar die Wirksamkeit der Zulassung in Frage stellen.

1962, 264, 271 (mit Beschränkung auf die Fälle der „Zulassungspflicht"); *Vorndran*, S. 77 ff.

[63] Bejahend: BGHZ 2, 396, 400; *Redeker / von Oertzen*, § 132 VwGO, Rdn. 16; *Haueisen*, SozGerbkt. 1955, 1; *Müller*, NJW 1955, 1740; *Paulus*, ZZP 71, 188, 202; *Fögen*, S. 287.

Verneinend: BAG, NJW 1955, 1335, 1336; BVerwGE 14, 342, 344; BSGE 10, 269, 272; *Stein / Jonas / Grunsky*, § 546 ZPO, Anm. VI 3 a; *Bentzien*, NJW 1959, 1214; *Kuchinke*, S. 40; *Schneider*, ZZP 65, 468, 470; *Hastler*, SozGerbkt. 1955, 257; *Cavelli-Adorno*, RzW 1959, 349, 350.

[64] In diesem Sinne: BGHZ 7, 155; *Schick*, JuS 1971, 1, 3; *Ule*, DVBl. 1959, 537, 542; *Forsthoff*, VerwR, 10. Aufl. 1973, S. 238.

[65] Vgl. dazu oben § 2, 2 b.

[66] *Kuchinke*, S. 40, Anm. 45 a.

[67] *Rosenberg / Schwab*, § 143 I 4 a; *Hanack*, S. 321.

§ 4. Die Voraussetzungen für die Wirkungslosigkeit fehlerhafter Rechtsmittelzulassungen

In § 3 wurden die materiell-rechtlichen und verfahrensrechtlichen Zulässigkeitsvoraussetzungen einer Rechtsmittelzulassung dargestellt. Liegen diese Voraussetzungen im Einzelfall nicht vor, so ist die betroffene Zulassung unzulässig und damit rechtswidrig. Im folgenden wird unter der fehlerhaften Zulassung also die rechtswidrige, weil unzulässige Zulassung verstanden. *Paulus* unterscheidet bei der Revision zwischen gesetzwidrigen und unrichtigen Zulassungen[1]. Als gesetzwidrig bezeichnet er solche Revisionszulassungen, die in Urteilen ausgesprochen wurden, die kraft Gesetzes generell von der Revision ausgeschlossen sind[2]. Unrichtige Zulassungen sollen demgegenüber vorliegen, wenn die gesetzlichen Maßstäbe ihrer Gewährung nicht beachtet oder falsch angewendet worden sind, „wenn also die behauptete Divergenz gar nicht besteht oder nicht beachtlich ist oder sich auf rechtliche Feststellungen bezieht, die nicht tragende Grundlage der zweit- bzw. drittinstanzlichen Entscheidung sind, oder wenn der anhängigen Rechtssache die ihr mit der Zulassung zugesprochene grundsätzliche Bedeutung fehlt."[3]

Die Unterscheidung von *Paulus* wird hinsichtlich der Frage der Wirksamkeit einer derart fehlerhaften Zulassung sicherlich eine wesentliche wenn nicht sogar die entscheidende Rolle spielen[4]. Seiner Terminologie jedoch kann nicht gefolgt werden. Auch gesetzwidrige Zulassungen im Sinne von *Paulus* sind unrichtig, weil unzulässig, wie unrichtige Zulassungen in seinem Sinne gesetzwidrig sind. Die Begriffe der Unzulässigkeit, Unrichtigkeit und Gesetzwidrigkeit von Rechtsmittelzulassungen sind vielmehr identisch.

I. Die Folgen fehlerhafter Rechtsmittelzulassungen

1. Wirksamkeit und Unwirksamkeit

Im öffentlichen Recht können Fehler bei rechtsanwendenden Staatsakten[5] Nichtigkeit (Wirkungslosigkeit), Vernichtbarkeit und Rücknehm-

---

[1] *Paulus*, ZZP 71, 188, 206.
[2] Vgl. die Aufzählung dieser Urteile oben § 3 A I 1.
[3] *Paulus*, ZZP 71, 188, 206 f.
[4] Vgl. dazu unten § 5; dies wird natürlich auch von *Paulus*, aaO, erkannt,

barkeit zur Folge haben oder deren Wirksamkeit nicht berühren. Die positive Zulassungsentscheidung des judex a quo ist ausnahmslos unvernichtbar, d. h. unwiderruflich, unanfechtbar, unaufhebbar und unabänderlich[6]. Fehlerhafte Rechtsmittelzulassungen können demnach nur wirksam oder wirkungslos (nichtig) sein.

2. Gültigkeit wegen Richterspruchqualität?

Die Nichtigkeit könnte deshalb eingeschränkt oder völlig ausgeschlossen sein, weil es sich bei der Rechtsmittelzulassung um einen Richterspruch handelt. Richtersprüche dienen der Rechtsverwirklichung und der Rechtsvergewisserung[7]. Mit der Funktion des Richterspruches als der verbindlichen Feststellung dessen, was im Einzelfall Rechtens ist, verträgt es sich grundsätzlich nicht, ihm deshalb die Verbindlichkeit zu versagen, weil das Festgestellte nicht wirklich dem Recht entspricht[8]. Die Verfahrensordnungen gehen vom Prinzip der Selbstbeaufsichtigung der Richterschaft aus[9], indem sie durch Rechtsbehelfe und Rechtsmittel die Möglichkeit für die durch einen fehlerhaften Richterspruch beschwerte Prozeßpartei schaffen, diesen im Wege der Anfechtung zu beseitigen oder zu ändern.

Es ist nicht angängig, mit *Kuchinke* zu sagen, „die Revisionszulassung durch den judex a quo trägt den Charakter eines justiziellen Verwaltungsakts"[10]. Als prozessuale Nebenentscheidung ist die Rechtsmittelzulassung Richterspruch. Das folgt schon aus ihrem inhaltlichen Zusammenhang mit der Entscheidung über den Streitgegenstand[11].

Die Rechtsmittelzulassung ist vielmehr dem Prozeßurteil vergleichbar. Für den judex a quo sind die Vorschriften über die Zulässigkeit der Rechtsmittelzulassung Handlungsnormen für das eigene Verhalten, nicht dagegen Beurteilungsnormen fremden Verhaltens, wie auch beim Prozeßurteil nur richterliche Handlungsnormen angewendet werden[12].

---

wenn er nur die von ihm als gesetzwidrig bezeichneten Revisionszulassungen für wirkungslos hält.

[5] Worunter Verwaltungsakt und Richterspruch zu verstehen sind, dazu: *Bettermann*, Gedächtnisschrift für Jellinek, S. 365 f.

[6] Vgl. im einzelnen oben § 2, 1.

[7] *Bettermann*, Gedächtnisschrift für Jellinek, S. 380; *Wurzer*, S. 21.

[8] *Bettermann*, Gedächtnisschrift für Jellinek, S. 380; ähnlich auch *Jauernig*, S. 147; *Wurzer*, S. 21 ff.; *Götz*, Urteilsmängel und innerprozessuale Bindungswirkung, Diss. Frankfurt, 1956, S. 39.

[9] *Bettermann*, Gedächtnisschrift für Jellinek, S. 380; *Jauernig*, S. 147; *Wurzer*, S. 24.

[10] *Kuchinke*, S. 42; ders., Anm. zu BGH LM Nr. 53 zu § 546 ZPO, ZZP 80, 127.

[11] Vgl. in bezug auf die Rechtsmittelzulassung im einzelnen oben § 3 B 1.

[12] Zur Unterscheidung Handlungsnorm — Beurteilungsnorm vgl. eingehend *Bettermann*, Gedächtnisschrift für Jellinek, S. 363 f.

§ 4. Die Voraussetzungen für die Wirkungslosigkeit

Daher sollte die Zulassungsentscheidung die gleiche Bestandskraft wie das Prozeßurteil haben.

3. Keine gesetzliche Regelung der Wirkungslosigkeit

Bei Rechtsmittelzulassungen gibt es keine gesetzlichen Vorschriften darüber, bei welchen Fehlern sie wirkungslos sind, während es im Verfahrensrecht für bestimmte Entscheidungen Vorschriften über den Eintritt der Nichtigkeitsfolge gibt[13] und solche, die vorschreiben, bei welchen Fehlern keine Nichtigkeit eintritt[14].

In der Begründung der Bundesregierung zum Entwurf des Revisionsänderungsgesetzes[15] finden sich einige Anhaltspunkte für die Ermittlung wirkungsloser Revisionszulassungen. In der Begründung zu § 545 Abs. 3 ZPO[16], wonach das Revisionsgericht an die Zulassung gebunden ist[17], heißt es, daß Voraussetzung dieser Bindung eine wirksame Zulassung ist[18].

Zu den Kriterien für die Wirkungslosigkeit einer Revisionszulassung wird dort ausgeführt, daß rechtliche Mängel allein die Wirksamkeit der Zulassung nicht berühren können. „Eine Unwirksamkeit dieser Entscheidung und damit deren Unverbindlichkeit für das Revisionsgericht wird vielmehr künftig nur angenommen werden können, wenn die Revision zugelassen wurde, obgleich sie wegen der ihrer Art nach unanfechtbaren Entscheidung des Berufungsgerichts nicht statthaft war, wie z. B. im Verfahren der einstweiligen Verfügung"[19]. Damit werden aber keine praktisch verwertbaren Kriterien für die Ermittlung wirkungsloser Revisionszulassungen gegeben. Deren Formulierungen sind für eine praktische Handhabung viel zu vage und unpräzise gehalten, wenn es dort heißt, daß rechtliche Mängel allein (?) grundsätzlich (?) die Wirksamkeit der Zulassung nicht werden berühren können (!)[20]. Was mit dem Begriff des „rechtlichen Mangels" gemeint sein soll, ist nicht ersichtlich. Eine Zulassung kann formelle und inhaltliche Mängel auf-

---

[13] § 32 FGG.
[14] Z. B. §§ 22 a GVG, 8 RPflG, 7 FGG.
[15] Bundesrats-Drucksache 2/72 vom 3. Januar 1972.
[16] idF von Art. 1 Ziff. 2 des Entwurfs.
[17] Gleiches soll gelten in der VwGO (§ 132 Abs. 3 VwGO idF von Art. 2 Ziff. 5), in der FGO (§ 115 Abs. 3 FGO idF von Art. 3 Ziff. 5) u. im ArbGG (§ 72 Abs. 3 ArbGG idF von Art. 4 Ziff. 2) für die Revision, sowie nach § 92 Abs. 1 ArbGG iVm § 72 Abs. 3 ArbGG idF von Art. 4 Ziff. 6 für die Rechtsbeschwerde im Beschlußverfahren des ArbGG.
[18] Begründung, S. 31 (Fußn. 15).
[19] Begründung, S. 31.
[20] Begründung, S. 31.

weisen. Eine einheitliche Beurteilung all dieser „rechtlichen Mängel" hinsichtlich ihrer Folge wird kaum möglich sein. Es wird sicherlich einen Unterschied machen, ob im Einzelfall wesentliche Formerfordernisse der Zulassung mißachtet wurden oder ob der judex a quo den Begriff der grundsätzlichen Bedeutung falsch interpretiert hat. Völlig unverständlich ist es, was unter „alleinigen" rechtlichen Mängeln zu verstehen ist. Damit kann doch nur gemeint sein, daß eine Zulassung neben Rechtsfehlern noch andere Fehler aufweisen kann. Der Gegensatz von Rechtsfehler kann Ermessensfehler sein. Soweit jedoch Zweifel bestanden, ob bestimmte Revisionszulassungen wegen grundsätzlicher Bedeutung im Ermessen des judex a quo stehen, sollten diese Zweifel doch gerade durch die Neuregelung im Sinne einer Rechtspflicht des judex a quo zur Zulassung beseitigt werden[21]. Rechtsfehler kann aber auch in Gegensatz zu Tatirrtum stehen. Wenn jedoch schon rechtliche Mängel die Wirksamkeit der Zulassung nicht berühren sollen, so kann dies bei bloßem Tatirrtum erst recht nicht der Fall sein. Als konkreten Fall einer wirkungslosen und unverbindlichen Revisionszulassung nennt die Begründung die Zulassung in einer ihrer Art nach unanfechtbaren Entscheidung des Berufungsgerichts, wie z. B. im Verfahren der einstweiligen Verfügung[22]. Über die Wirkungslosigkeit einer derart fehlerhaften Revisionszulassung bestand seit je absolute Einigkeit[23]. Die Begründung zum Entwurf des Revisionsänderungsgesetzes trägt also zur Lösung der umstrittenen und problematischen Fälle nichts bei.

II. Die maßgeblichen Kriterien für die Wirkungslosigkeit fehlerhafter Rechtsmittelzulassungen

1. Sinn und Zweck des Prinzips richterlicher Rechtsmittelzulassung

Das Zulassungsprinzip dient der Entlastung der Rechtsmittelgerichte[24]. Dieser Entlastungszweck wird von einigen als Argument für die Bindung des judex ad quem an die Zulassung herangezogen, von anderen als Argument dagegen.

a) So vertritt der BGH die Ansicht, der Entlastungszweck fordere, daß das Revisionsgericht nicht noch zusätzlich mit der Nachprüfung der gesetzlichen Zulassungsvoraussetzungen belastet werden dürfe[25]. Nach-

---

[21] Vgl. im einzelnen oben S. 38.
[22] Begründung, S. 31 (Fußn. 15).
[23] Vgl. dazu unten § 5 I.
[24] Vgl. dazu ausführlich oben § 1, 4.
[25] So BGHZ 2, 16, 17 f. unter Bezugnahme auf RGZ 108, 349, 350 und die Entstehungsgeschichte von § 546 ZPO; dgl. *Feyock*, S. 38 f.

dem die Frage der Bindung an die Zulassung als Frage ihrer Wirksamkeit erkannt worden ist[26], kann das nur bedeuten, daß der Entlastungszweck des Zulassungsprinzips die Wirkungslosigkeit einer fehlerhaften Revisionszulassung verbietet. Die mit der fehlerhaften Zulassung des Rechtsmittels notwendig verbundene Verfehlung des Entlastungszweckes durch den judex a quo kann also allein nicht zur Wirkungslosigkeit der Zulassung führen. Dafür müssen noch andere Umstände hinzutreten.

b) Demgegenüber will *Hanack* aus dem Entlastungszweck gerade die Unverbindlichkeit fehlerhafter Revisionszulassungen für den judex ad quem herleiten[27]. Für ihn besteht der Zweck aller Revisionszulassungen des geltenden Rechts in der Wahrung und Sicherung einheitlicher Rechtsprechung, so daß Parteiinteressen grundsätzlich keine Rolle spielen[28]. Dieser Zweck verbiete ohne Zweifel, eine fehlerhafte Annahme der gesetzlichen Zulassungsvoraussetzungen für bindend, d. h. für wirksam zu halten[29]. Der Revisionsinstanz könne nicht durch sachfremde Erwägungen eine Tätigkeit aufgebürdet werden, die das Gesetz nicht vorsehe und die dem Zweck des Rechtsmittels nicht entspreche. Es könne keinen Unterschied machen, ob es sich um Fehler in der Auslegung der Voraussetzungen selbst, um Verletzungen der allgemeinen Bestimmungen über die Revisionszulässigkeit, um die Verkennung der unbestimmten oder der bestimmten Voraussetzungen einer Zulassung handle, aber auch nicht, ob der Verstoß offensichtlich und auf den ersten Blick erkennbar oder nicht erkennbar sei[30]. Allerdings räumt *Hanack* ein, daß die Möglichkeiten der Nachprüfung fehlerhafter Revisionszulassungen praktisch verschieden seien, je nachdem, ob das Gesetz die Zulassung von einem unbestimmten Begriff — wie „grundsätzliche Bedeutung" — abhängig mache oder die Zulassungsvoraussetzungen näher umschreibe, wie im Falle der Divergenz[31].

c) Ausgangspunkt der Argumentation *Hanacks* ist die These, daß der Zweck aller Rechtsmittelzulassungen des geltenden Rechts in der obersten Gerichtsbarkeit die Wahrung und Sicherung einheitlicher Rechtsprechung sei und Parteiinteressen grundsätzlich keine Rolle spielen[32]. Dies ist zweifellos richtig[33]. Allerdings müßte *Hanack* bei den Beru-

---

[26] Vgl. oben § 2, 4.
[27] *Hanack*, S. 321.
[28] *Hanack*, S. 76 ff.; 319.
[29] *Hanack*, S. 321 mit Anm. 43.
[30] *Hanack*, S. 321.
[31] *Hanack*, S. 322 f.
[32] *Hanack*, S. 319.
[33] Zum Zweck des Zulassungsprinzips vgl. im einzelnen oben § 1, 4.

II. Die maßgeblichen Kriterien für die Wirkungslosigkeit

fungszulassungen anders argumentieren und zu einem anderen Ergebnis kommen, weil sie diesen Zweck nicht verfolgen[34]. Zweifelhaft erscheint aber, ob sein Ansatzpunkt für die hier zu behandelnde Frage der Folgen fehlerhafter Zulassungen zutreffend ist. Daß bei der Entscheidung des judex a quo über die Zulassung von Revision, Rechtsbeschwerde und weiterer Beschwerde Parteiinteressen keine Rolle spielen, rechtfertigt nicht den Schluß, daß auch nach ausgesprochener Zulassung bei Beurteilung ihrer Wirksamkeit Parteiinteressen unbeachtlich seien. Der Fehler in der Argumentation *Hanacks* scheint mir in der Gleichbehandlung der Situation bei der Entscheidung über die Zulassung und derjenigen nach erfolgter Zulassung zu liegen. Zwischen beiden bestehen aber wesentliche Unterschiede. Das gilt sowohl für das rechtspolitische Problem, das vor und nach Erlaß der Zulassung verschieden ist, als auch für die Interessenlagen.

Für *Hanack* sind die Zulässigkeits- und die Wirksamkeitsvoraussetzungen einer Zulassung identisch. Für ihn ist nur die zulässige Zulassung wirksam, jede unzulässige Zulassung ist unwirksam. Hier werden jedoch zwei grundlegend verschiedene Fragen nicht auseinandergehalten. Es sind die Unterschiede von Dürfen und Können, von Voraussetzung und Folge, von Fehler und Sanktion[35]. Bei der Entscheidung über die Zulassung geht es für den judex a quo darum, ob er im konkreten Fall zulassen darf. Davon zu unterscheiden ist die Frage nach den Folgen einer unzulässigen Zulassung, die sich für den judex ad quem nach ausgesprochener Zulassung stellt.

Auch die Interessenlage der Prozeßparteien vor und nach erfolgter Zulassung ist verschieden. Bei der Entscheidung des judex a quo über die Zulassung von Revision, Rechtsbeschwerde und weiterer Beschwerde ist de lege lata für die Berücksichtigung von Parteiinteressen kein Raum. Bei Auslegung der Zulassungsvoraussetzungen — insbesondere des Begriffs der „grundsätzlichen Bedeutung" — führt die gebotene Beachtung von Sinn und Zweck des Instituts richterlicher Rechtsmittelzulassung zum Ausschluß jeglicher Parteiinteressen am Zugang zu den obersten Bundesgerichten[36]. Stellt man dagegen auch nach ausgesprochener Zulassung bei Beurteilung ihrer Fehlerfolgen ausschließlich auf Sinn und Zweck dieses Instituts ab, so ignoriert man, daß die Zulassung als verfahrensgestaltender Hoheitsakt grundsätzlich Bestandsschutz verdient. Durch den Zulassungsanspruch des judex a

---

[34] Vgl. oben S. 41.
[35] Vgl. dazu *Jellinek*, Der fehlerhafte Staatsakt und seine Wirkungen, Tübingen, 1908; *Bettermann*, Gedächtnisschrift für Jellinek, S. 378 ff.; *Imboden*, S. 2 ff.; *Wolff / Bachhof*, Verwaltungsrecht I, 9. Aufl. 1974, § 50 I b.
[36] Vgl. im einzelnen oben § 3 A III 1 d.

§ 4. Die Voraussetzungen für die Wirkungslosigkeit

quo wurde für die dadurch begünstigte Prozeßpartei ein Vertrauenstatbestand geschaffen, den es bei der Entscheidung über die Folgen unzulässiger Zulassungen zu berücksichtigen gilt.

Hanack bezeichnet seinen Weg zur Ermittlung wirkungsloser Zulassungen als die richtig und konsequent angewandte teleologische Methode, die allein zu einem eindeutigen und sinnvollen Ergebnis führen könne[37]. Aber auch und gerade bei der teleologischen Methode sind die praktischen Konsequenzen zu beachten, die sich aus der Bejahung der Wirkungslosigkeit eines Hoheitsakts ergeben, und zu fragen, ob sie im Ergebnis gutgeheißen werden können[38]. Daher müssen auch etwaige Interessen Privater an der Aufrechterhaltung eines fehlerhaften Staatsakts berücksichtigt werden[39], und zwar unabhängig davon, ob bei Erlaß des betreffenden Aktes private Interessen eine Rolle spielen oder ausschließlich öffentliche Belange entscheidend sind.

d) Weitere Bedenken gegen die Ansicht *Hanacks* resultieren aus folgender Überlegung: Der Gesetzgeber hat die Befugnis zur Rechtsmittelzulassung in allen Verfahrensordnungen und bei allen Rechtsmitteln einheitlich in die Hand des judex a quo, nicht in die des judex ad quem gelegt[40]. Die Übertragung der Zulassungsbefugnis auf den judex a quo ist nicht die einzige Möglichkeit richterlicher Auswahl rechtsmittelwürdiger Rechtssachen. Der Gesetzgeber hätte sich auch für die Rechtsmittelzulassung durch den judex ad quem entscheiden können, etwa durch Einführung eines dem Annahmeverfahren bei der Verfassungsbeschwerde gemäß § 93 a BVerfGG nachgebildeten sog. Certiorari-Verfahrens[41], wie dies im Schrifttum teilweise de lege ferenda vorgeschlagen wurde[42] oder dadurch, daß er die Zulassungsgründe zu Statthaftigkeitsvoraussetzungen des Rechtsmittels macht, wie dies bei den Divergenzrechtsmitteln[43] de lege lata der Fall ist. Auch dann würden nur grundsätzlich bedeutsame oder bereits höchstrichterlich abweichend entschiedene Rechtsfragen zum judex ad quem gelangen.

Allerdings weisen die Rechtsmittelzulassung durch den judex a quo einerseits und Annahmeverfahren des judex ad quem oder Zulässigkeitsrechtsmittel andererseits bei näherem Vergleich gerade im Hin-

---

[37] *Hanack*, S. 319.
[38] *Imboden*, S. 39.
[39] *von Hippel*, S. 72 ff.; *Wolff / Bachof*, VerwR I, § 28 III c 7.
[40] Zur einzigen historischen Ausnahme vgl. *Drescher*, S. 213.
[41] Über Sinn und Zweck dieses Verfahrens vgl.: *Schmidt-Bleibtreu* in *Maunz / Sigloch / Schmidt-Bleibtreu / Klein*, § 93 a BVerfGG, Rdn. 1; *Lechner*, 3. Aufl. 1973, § 93 a BVerfGG, Allgemeines.
[42] *Baur*, ZZP 71, 161, 179; vgl. dazu auch *Schwinge*, S. 231 ff.
[43] Gemäß §§ 72 Abs. 1, Sätze 2, 3 ArbGG, 92 Abs. 1 Satz 2 ArbGG, 24 Abs. 2 Nr. 1 LwVG.

II. Die maßgeblichen Kriterien für die Wirkungslosigkeit

blick auf die angestrebte Entlastung der Rechtsmittelgerichte erhebliche Unterschiede auf. Mit der Übertragung der Zulassungsbefugnis auf den judex a quo[44] hat der Gesetzgeber dessen größerer Sachnähe zur Beurteilung der gesetzlichen Zulassungsvoraussetzungen Rechnung getragen, die durch eine intensive Auseinandersetzung mit dem Rechtsstreit bedingt ist[45]. Die Prüfung dieser Voraussetzungen ist für den judex a quo ungleich einfacher und zeitsparender als für den judex ad quem. Der judex a quo hat sich in die jeweiligen Besonderheiten der Rechtssache eingearbeitet und entscheidet bei dieser Gelegenheit noch zusätzlich über das Vorliegen der gesetzlichen Zulassungsvoraussetzungen. Der judex ad quem dagegen müßte sich diese Kenntnis erst durch Einarbeitung in den Fall verschaffen. Eine Prüfung der Frage, ob ein gesetzlicher Zulassungsgrund vorliegt, ist ohne Prüfung des Streitstoffes nicht möglich[46]. Hierin liegt eine Mehrarbeit für den judex ad quem, die die durch die Auswahl bedingte Entlastung wieder zunichte machen kann[47]. Wäre jede unzulässige Zulassung wirkungslos, wie *Hanack* annimmt, so müßte sich der judex a quo stets in die jeweilige Rechtssache einarbeiten, um die Unzulässigkeit der Zulassung festzustellen. Damit ginge der Entlastungseffekt verloren, ja es träte unter Umständen eine Mehrbelastung ein.

Der Gesetzgeber hat sich also zweckmäßigerweise für das System der konstitutiven Zulassung entschieden, statt für die Zulässigkeit des Rechtsmittels bei Vorliegen der gesetzlichen Voraussetzungen oder für ein förmliches Annahmeverfahren. Diese gesetzgeberische Entscheidung ist nicht nur wesentlich für die grundsätzliche Bindung des Rechtsmittelgerichts an die Zulassung überhaupt. Sie hat auch Bedeutung für die hier zu behandelnde Frage, ob und inwieweit der Entlastungszweck des richterlichen Zulassungsvorbehalts die Wirkungslosigkeit einer unzulässigen Zulassung ge- oder verbietet. Hält man mit *Hanack* jede unzulässige Zulassung für wirkungslos, weil der judex a quo dem Rechtsmittelgericht keine Tätigkeit aufbürden könne, die das Gesetz nicht vorsehe und die dem Zweck des Rechtsmittelverfahrens nicht entspreche, so läuft das auf das System der Zulässigkeitsrechtsmittel hinaus. Diese Ansicht beinhaltet notwendig die Pflicht des judex ad quem zur Nachprüfung jeder Zulassung auf fehlerhafte Beurteilung ihrer Vorausset-

---

[44] Adolf *Arndt*, NJW 1949, 256 bezeichnet die Zulassung durch den judex a quo als nationalsozialistische Maßnahme; dagegen mit Recht *Danckelmann*, NJW 1949, 256.
[45] So im wesentlichen übereinstimmend: *Baur*, ZZP 71, 161, 179; *Drescher*, S. 240; *Duske*, S. 123 f.; *Grave*, VerwArch. 1973, 51, 70; *Hanack*, S. 51 ff.; Kommissionsbericht, S. 157 f.
[46] *Kraemer*, ZZP 64, 131, 138.
[47] Ähnliche Bedenken finden sich auch im Kommissionsbericht, S. 158.

zungen. Zwar wird der judex ad quem in keinem Falle davon befreit, eine Zulassung auf ihre etwaige Wirkungslosigkeit zu untersuchen. Um den Entlastungseffekt nicht zu beeinträchtigen, muß sich aber die Wirkungslosigkeit der Zulassung auf ganz eklatante, für den judex ad quem sofort erkennbare Mängel beschränken, die eine nähere Beschäftigung mit der Rechtssache gerade nicht erfordern.

Nicht nur der Entlastungseffekt wird zunichte gemacht, auch die Entscheidungsbefugnis über die Zulassung verschiebt sich vom judex a quo auf den judex ad quem, wenn man ausnahmslos jede unzulässige Zulassung für wirkungslos hält. Der Gesetzgeber hätte dann ebensogut die Auswahl der rechtsmittelwürdigen Rechtssachen durch Einführung eines förmlichen Annahmeverfahrens oder durch Zulässigkeitsrechtsmittel dem judex ad quem übertragen können. Sowohl in diesen Fällen als auch nach der Ansicht *Hanacks* entscheidet der judex ad quem darüber, ob die gesetzlichen Voraussetzungen der Anfechtbarkeit im konkreten Falle vorliegen oder nicht.

Auch für die Prozeßparteien bestehen wesentliche Unterschiede zwischen der Zulassung durch den judex a quo und einem Annahmeverfahren bzw. der gesetzlichen Zulassung. Das geltende Zulassungssystem schränkt für die beschwerte Prozeßpartei von vornherein den Zugang zur Rechtsmittelinstanz ein. Bei einem Annahmeverfahren und den Zulässigkeitsrechtsmitteln hingegen ist der Zugang zum judex ad quem zunächst unbeschränkt. Seine Sachentscheidung ist allerdings davon abhängig, daß er die Sache annimmt bzw. das Vorliegen der gesetzlichen Statthaftigkeitsvoraussetzungen bejaht[48]. Der wesentliche Unterschied besteht darin, daß hier die Statthaftigkeit bis zur Entscheidung des judex ad quem „in der Schwebe" bleibt, während sie bei dem geltenden Zulassungssystem mit dem Zulassungsausspruch feststeht. Wenn *Hanack* die Wirkungslosigkeit jeder unzulässigen Zulassung annimmt und damit die Entscheidungsbefugnis des judex a quo über die Rechtsmittelzulassung praktisch leerlaufen läßt, so schafft er dadurch einen Schwebezustand und eine Ungewißheit bis zur Entscheidung des judex ad quem. Dies aber wollte der Gesetzgeber mit Einführung der konstitutiven Rechtsmittelzulassung durch den judex a quo gerade vermeiden.

Aus dem Gesagten ergibt sich also, daß die These *Hanacks*, der Entlastungszweck des Instituts richterlicher Rechtsmittelzulassung erfordere die Wirkungslosigkeit jeder unzulässigen Zulassung, im klaren Widerspruch zum geltenden Recht steht.

---

[48] In diesem Sinne: *Duske*, S. 123; *Schwinge*, S. 214 f.

2. Die Grundsätze der Rechtsmittelklarheit und Rechtsmittelsicherheit

Wie bereits erwähnt, erfordert die teleologische Bestimmung der Wirkungslosigkeit fehlerhafter rechtsanwendender Staatsakte die Berücksichtigung von Privatinteressen am Bestand des Staatsakts[49]. Deshalb spielen die Rechtsmittelklarheit und die Rechtsmittelsicherheit für die grundsätzliche Bindung des judex ad quem an die fehlerhafte Zulassung eine wesentliche Rolle[50]. Da die Frage der Bindung an die Zulassung die Frage nach ihrer Wirksamkeit ist[51], müssen somit diese Grundsätze auch bei der Bestimmung der Folgen einer fehlerhaften Zulassung herangezogen werden.

Die Grundsätze der Rechtsmittelklarheit und Rechtsmittelsicherheit beinhalten, daß sich die Rechtsmittelfähigkeit einer gerichtlichen Entscheidung klar und eindeutig aus ihr in Verbindung mit den einschlägigen gesetzlichen Bestimmungen ergeben muß[52]. Die durch die Entscheidung des judex a quo beschwerte Prozeßpartei muß im voraus wissen, ob ihre Sache überhaupt bis zu den Rechtsmittelgerichten kommen kann[53]. Diese Grundsätze sind Erscheinungsformen der Rechtssicherheit, die ihrerseits Bestandteil des Rechtsstaatsprinzips ist[54]. Dazu gehört ein unabdingbares Maß an Meßbarkeit und Vorausberechenbarkeit staatlicher Machtäußerungen[55], weshalb auch bei rechtsanwendenden Staatsakten die Nichtigkeit die nur ausnahmsweise eintretende Fehlerfolge ist, die Vernichtbarkeit hingegen die Regel darstellt[56].

Die Bedeutung der Rechtsmittelklarheit für die Wirksamkeit fehlerhafter Zulassungen wird auch in der Begründung der Bundesregierung zum Entwurf des Revisionsänderungsgesetzes hervorgehoben. Danach sollte eine Partei des Rechtsmittels, das ihr durch die Zulassungsentscheidung des judex a quo einmal eröffnet worden ist, nicht noch im Revisionsverfahren selbst wieder verlustig gehen, indem das Revisions-

---

[49] Vgl. oben S. 76.
[50] *Baur*, JZ 1954, 146, 147; *Kuchinke*, S. 43; *Müller*, Festschrift für Herschel, S. 167 f; *Paulus*, ZZP 71, 188, 208; *Weyreuther*, Rdn. 185.
[51] Vgl. oben § 2, 4.
[52] BAGE 3, 46 f.; ähnl. auch *Baur*, JZ 1954, 146, 147; *Pohle*, Anm. zu BAG AP Nr. 60 zu § 72 ArbGG; *Schwinge*, S. 215.
[53] *Schwinge*, S. 214 f.
[54] BVerfGE 7, 194, 196.
[55] *Maunz / Dürig* in *Maunz / Dürig / Herzog*, Art. 20 GG, Rdn. 86; *Mainka*, Vertrauensschutz im öffentlichen Recht, Diss. Bonn, 1963, S. 18; zur Vorausberechenbarkeit des Rechtsmittelweges insbes.: *Schwinge*, S. 215.
[56] *Andersen*, Ungültige Verwaltungsakte mit besonderer Berücksichtigung der Ungültigkeitsgründe, 1927, S. 61 ff.; *Bettermann*, Gedächtnisschrift für Jellinek, S. 378 f.; *Imboden*, S. 72.

§ 4. Die Voraussetzungen für die Wirkungslosigkeit

gericht die Zulassung auf ihre Richtigkeit nachprüft. Die Statthaftigkeit eines Rechtsmittels solle sich vielmehr nach bestimmten, für alle Fälle gleichermaßen geltenden formalen Voraussetzungen richten, die nicht durch die Rechtsprechung des Rechtsmittelgerichts eingeschränkt werden können[57].

Mit den Grundsätzen der Rechtsmittelklarheit und Rechtsmittelsicherheit ist es demnach ganz unvereinbar, daß jede fehlerhafte Zulassung wirkungslos ist. Von einer diesen Grundsätzen entsprechenden Vorhersehbarkeit der Rechtsmittelfähigkeit richterlicher Entscheidungen könnte dann nicht mehr die Rede sein. Dies ist vielmehr nur der Fall, wenn die Wirkungslosigkeit als Fehlerfolge die Ausnahme bildet, fehlerhafte Zulassungen also in der Regel wirksam sind. Daß die Nichtigkeit nur ausnahmsweise eintretende Fehlerfolge ist, folgt aus einer Rechtmäßigkeitsvermutung. Jede Rechtsmittelzulassung trägt als Richterakt die Vermutung in sich, rechtmäßig und deshalb gültig zu sein[58]. Diese Vermutung ist widerlegbar durch den Nachweis der Mangelhaftigkeit; schwerwiegende Mängel beseitigen die Vermutung von vornherein, machen die Zulassung also nichtig[59]. Fraglich ist aber, ob daneben subjektive Umstände erforderlich sind, ob mit anderen Worten Nichtigkeit nur dann eintritt, wenn die begünstigte Prozeßpartei die Fehlerhaftigkeit der Zulassung kannte oder kennen mußte. Das würde bedeuten, daß in jedem Einzelfall festgestellt werden müßte, ob diese Voraussetzungen bei der begünstigten Prozeßpartei vorliegen. Das würde zu einer erheblichen Rechtsunsicherheit führen. Dann könnte nämlich eine Rechtsmittelzulassung trotz des gleichen Fehlers in einem Falle wirksam, im anderen Fall dagegen wirkungslos sein, je nachdem, ob der Partei Kenntnis oder fahrlässige Unkenntnis der Fehlerhaftigkeit vorzuwerfen ist oder nicht. Ferner wäre für das Kennenmüssen erheblich, ob in der Instanz, in der die Zulassung ausgesprochen wurde, Anwaltszwang herrscht. So wäre sicher in bezug auf fehlerhafte Zulassungen in einer Instanz mit Anwaltszwang fahrlässige Unkenntnis bei leichteren Fehlern anzunehmen als bei Zulassungen in einer Instanz, in der die begünstigte Prozeßpartei nicht anwaltlich vertreten ist.

Ferner müßte der judex ad quem bei Prüfung der Wirkungslosigkeit einer Zulassung in jedem einzelnen Falle die fahrlässige Unkenntnis der Fehlerhaftigkeit bei der begünstigten Prozeßpartei besonders fest-

---

[57] Bundesrats-Drucksache 2/72 vom 3. Januar 1972, S. 30.

[58] In diesem Sinne in bezug auf Verwaltungsakte: *Heike,* Der gegenwärtige Stand der Lehre vom nichtigen Verwaltungsakt, Diss. Göttingen, 1959, S. 7 f.; *Ule,* Die Lehre vom Verwaltungsakt im Licht der Generalklausel, in: Recht, Staat, Wirtschaft, Bd. III, S. 273; *Forsthoff,* VerwR, S. 224 f.; kritisch dazu: *Bettermann,* Gedächtnisschrift für Jellinek, S. 378 ff.

[59] In diesem Sinne: *Heike* (Fußn. 58), S. 8.

II. Die maßgeblichen Kriterien für die Wirkungslosigkeit

stellen. Das ist für die Praxis undiskutierbar. Daher können subjektive, d. h. in der Person der begünstigten Prozeßpartei liegende Umstände, die Rechtmäßigkeits- und Gültigkeitsvermutung der Zulassung nicht ausschließen. Für die Nichtigkeit kann also nicht entscheidend sein, ob im konkreten Fall die durch die Zulassung begünstigte Partei die Fehlerhaftigkeit kannte bzw. kennen mußte. Zu fragen ist vielmehr, welche Umstände generell die Nichtigkeit zur Folge haben.

a) Nichtigkeit bei Offensichtlichkeit des Fehlers?

Die Rechtsprechung der obersten Bundesgerichte und die herrschende Lehre sehen den für die Nichtigkeit entscheidenden Umstand in der Offensichtlichkeit des Zulassungsfehlers. Eine Zulassung ist dann für den judex ad quem unverbindlich, wenn sie *offensichtlich* gegen das Gesetz verstößt[60]. Danach ist eine offensichtlich gesetzwidrige Zulassung wirkungslos. Mit anderen Worten: Die fahrlässige Unkenntnis der Fehlerhaftigkeit bestimmt sich nach deren Offensichtlichkeit. Ist ein Zulassungsfehler nicht offensichtlich, so braucht ihn die Partei nach dieser Auffassung nicht zu kennen, die Zulassung ist wirksam.

aa) Bedenken gegen diese Evidenztheorie resultieren schon daraus, daß unklar ist, für wen der Fehler offensichtlich sein muß. Teilweise wird gesagt, daß die Evidenz des Fehlers als Nichtigkeitsvoraussetzung rechtsanwendender Staatsakte durch die Einsichtsfähigkeit des Beurteilers relativiert werde[61]. Die Evidenz sei nur mit der Einschränkung taugliches Kriterium, daß das Evidenzerlebnis nicht von jedem gefordert werden könne, sondern daß man dabei die persönliche Einsichtsfähigkeit berücksichtigen müsse[62]. Zu weit gehe es, wenn der Fehler nur dem juristisch Geschulten evident zu sein brauche. Das richtige Kriterium liege vielmehr in der Mitte; der Beurteiler müsse das Tatbestandsmerkmal, dessen Evidenz gefordert wird, inhaltlich erfassen.

---

[60] Seit BGHZ 2, 396, 399 ständig. Rspr.: BGH, ZZP 73, 285, 288; BGH LM Nr. 9 zu § 546 ZPO; Nr. 29 zu § 219 BEG; BGH, NJW 1954, 110; BGH, MDR 1959, 560; BGH, RzW 1960, 412; 1962, 427; BGHZ 9, 357, 359; 36, 56, 57; BGH, NJW 1973, 1239; BAGE 1, 172, 173; 2, 26, 27, 30; 2, 331, 333; 3, 46, 49; 6, 109, 111 f.; 12, 43, 46; BAG AP Nr. 1 u. Nr. 3 zu § 72 ArbGG (Zulassungsrevision); BAG AP Nr. 9 zu § 69 ArbGG; BVerwGE 1, 15 f.; BVerwG, DÖV 1958, 259; BVerwG, Gewerbe-Archiv 1965, 16; BVerwG, JR 1969, 432, 433; BSGE 1, 111, 114; 6, 70, 71; 8, 218, 220; 10, 230, 233; 10, 240, 241; 10, 269, 271; 18, 179, 180; BFH 90, 335, 336; 95, 214 f.; BFH, NJW 1972, 80; *Stein / Jonas / Grunsky*, § 546 ZPO, Anm. VI 3 c; *Auffarth*, NJW 1957, 484, 486; *Baring*, DVBl. 1961, 349, 352; *Denecke*, RdA 1956, 327; *Haueisen*, SozGerbkt. 1955, 1; *Müller*, Festschrift für Herschel, S. 169; *Thiele*, AuR 1956, 47, 48 f.; *Vorndran*, S. 99; *Weyreuther*, Rdn. 182, 187.
[61] *Achterberg*, DÖV 1963, 331, 337.
[62] *Achterberg*, S. 338.

§ 4. Die Voraussetzungen für die Wirkungslosigkeit

Dann allein könne ihm offenkundig sein, daß dieses Merkmal erfüllt sei[63].

Für die Offensichtlichkeit der Fehlerhaftigkeit einer Rechtsmittelzulassung würde das bedeuten, daß es auf die konkrete Einsichtsfähigkeit der begünstigten Partei ankäme. Daß dies für die Praxis undiskutierbar ist, wurde bereits ausgeführt.

Im Gegensatz zur konkreten Einsichtsfähigkeit des Beurteilers stellt die wohl herrschende Lehre zur Abgrenzung des nichtigen vom anfechtbaren Verwaltungsakt bei der Evidenz des Fehlers[64] auf den „verständigen Durchschnittsbeobachter" ab[65]. Hier ist also die Einsichtsfähigkeit einer fiktiven Person entscheidend. Die Maßstäbe dafür, was der „verständige Durchschnittsbeobachter" in bezug auf die Fehlerhaftigkeit eines bestimmten rechtsanwendenden Staatsaktes erkennen muß und was nicht, bestimmt das Staatsorgan, das im Rahmen eines beliebigen Anwendungs- oder Vollzugsfalles vorfrageweise über die Nichtigkeit des Aktes entscheidet. Bei den Rechtsmittelzulassungen müßte also der judex ad quem bestimmen, welche Zulassungsfehler eine „verständige Durchschnittspartei" zu erkennen hat.

bb) Erweist sich somit die Offensichtlichkeit der Gesetzesverletzung allgemein als untauglich zur Abgrenzung der wirksamen von den wirkungslosen Rechtsmittelzulassungen, so stößt auch deren praktische Handhabung insbesondere durch die Rechtsprechung der obersten Bundesgerichte auf erhebliche Bedenken. Sie verlangt neben der Offensichtlichkeit des Fehlers keine qualifizierte Rechtsverletzung. Einzig und allein die angebliche Offensichtlichkeit des Fehlers soll die Wirkungslosigkeit begründen. In der Regel begnügt man sich mit der Feststellung, daß der Fehler der Zulassung in dem zur Entscheidung stehenden Fall offensichtlich sei, ohne Maßstäbe dafür aufzuzeigen, welche Anforderungen an das Merkmal der Offensichtlichkeit zu stellen sind. Damit wird dieses Merkmal nicht nur zur Inhaltslosigkeit abgeschwächt, sondern darüber hinaus weitgehende Unsicherheit über das rechtliche Schicksal der Zulassung geschaffen. Zwar werden bestimmte Zulassungsfehler von der Rechtsprechung stets als offensichtlich gesetzwidrig bezeichnet, so z. B. die Rechtsmittelzulassung in zulassungsun-

---

[63] *Achterberg*, S. 338.

[64] Die nach der Evidenztheorie *neben* der Schwere des Fehlers gegeben sein muß, so: BVerwGE 11, 195 ff; OVG Münster, DVBl. 1957, 21, 23 f.; VGH Stuttgart, DÖV 1958, 713, 714; *Bachof*, SJZ 1950, 488, 490; *Bender*, DVBl. 1953, 33, 34; *Forsthoff*, VerwR, S. 245; *Heike* (Fußn. 58), S. 49 ff.; *Winkler*, Die absolute Nichtigkeit von Verwaltungsakten 1960, S. 31 f.; *Quidde*, DÖV 1963, 339; *Ule* (Fußn. 58), S. 278 f.

[65] *Eyermann / Fröhler*, Anh. zu § 42 VwGO, Rdn. 2; *Bender*, DVBl. 1953, 33, 36 f.; *Heike* (Fußn. 58), S. 40.

fähigen Entscheidungen[66]. Auf der anderen Seite jedoch wird bei gleichen Fehlern — etwa bei Verkennung des Begriffs der grundsätzlichen Bedeutung — nicht einheitlich die Offensichtlichkeit der Gesetzesverletzung bejaht oder verneint. Damit wird das rechtliche Schicksal der Zulassung unberechenbar. Insbesondere wird aber hier der Zweck des Merkmals der Offensichtlichkeit in sein Gegenteil verkehrt. Die sog. Evidenztheorie sieht den Zweck des Merkmals der Offensichtlichkeit in der Wahrung der Rechtssicherheit[67]. Der Staatsbürger soll in einem Rechtsstaat darauf vertrauen können, daß Rechtsakte Rechtens sind und Beständigkeit haben. Erst wenn die Fehlerhaftigkeit ohne weiteres ersichtlich ist, wird dieses Vertrauen nach der Evidenztheorie nicht mehr geschützt[68]. Ob dies zutreffend ist, d. h. ob das Merkmal der Evidenz geeignet ist, Rechtssicherheit für den Bürger zu schaffen, wird hier bezweifelt[69], kann jedoch im einzelnen dahinstehen. Jedenfalls wird dieses Ziel bei den Rechtsmittelzulassungen nicht erreicht, wenn ungeklärt bleibt, welche typischen Fehler offensichtlich sind, d. h. von jedem verständigen Beurteiler erkannt werden müssen.

Die Tendenz, mit Hilfe einer angeblichen Offensichtlichkeit des Fehlers die wirkungslosen Zulassungen auf Kosten wirksamer und bindender Zulassungen in der geschilderten Weise auszudehnen, läßt sich wohl nur damit erklären, daß die Revisionsgerichte ständig überlastet sind und sich eines Teils ihrer Arbeitslast entledigen wollen[70]. Eine fehlerhafte Rechtsmittelzulassung wegen angeblicher Offensichtlichkeit des Fehlers als unverbindlich zu deklarieren, ist für die Rechtsmittelgerichte ein prozeßpädagogisches Mittel, den judex a quo zu sparsamer und zurückhaltender Handhabung seiner Zulassungsbefugnis zu erziehen.

b) Art und Schwere des Fehlers als entscheidende Nichtigkeitsvoraussetzungen

Das Erkennenmüssen des Fehlers bestimmt sich ausschließlich nach dessen Art und Schwere. Die Qualifizierung einer Zulassung als „offensichtlich" gesetzwidrig bedeutet nichts anderes als die Feststellung, daß die betreffende Prozeßpartei auf Grund von Art und Schwere der Fehlerhaftigkeit der Zulassung diese hätte erkennen können und müssen.

---

[66] Siehe dazu im einzelnen unten § 5 I.
[67] *Ule* (Fußn. 58), S. 278.
[68] In diesem Sinne *Heike* (Fußn. 58), S. 47.
[69] Dgl. *Mainka* (Fußn. 55), S. 52 f.
[70] Ähnlich auch *Blomeyer*, § 104 II 2 a, dem die Unbeachtlichkeit einer Zulassung bei offensichtlicher Gesetzwidrigkeit mit Recht als ungewöhnlich erscheint. Gegen die h. M. auch *Delbrück*, MDR 1951, 20; *Kraemer*, ZZP 64, 478; *Baur*, JZ 1954, 146, 147; *Sinthaus*, ZfS 1954, 62, 63; *Wilde*, NJW 1955, 1659, 1661; *Dersch / Volkmar*, § 72 ArbGG, Rdn. 19; *Kuchinke*, S. 43.

Denn welche Umstände sonst könnten den Vorwurf fahrlässigen Nichterkennens der Fehlerhaftigkeit einer Zulassung[71] begründen, wenn nicht Art und Schwere des Fehlers? In Wahrheit erweist sich damit das Erfordernis der Offensichtlichkeit des Fehlers als identisch mit dessen Art und Schwere[72] und ist keine selbständige und zusätzliche Voraussetzung der Wirkungslosigkeit. Entscheidend für die Wirkungslosigkeit einer Rechtsmittelzulassung kann daher nur das Gewicht des Gesetzesverstoßes des judex a quo sein, nicht dagegen das Maß seiner Erkennbarkeit.

c) Die Rolle der Begründung

Von großer Tragweite für die Beurteilung der Offensichtlichkeit des Gesetzesverstoßes ist nach der Rechtsprechung eine der Zulassung vom judex a quo beigefügte Begründung. In zahlreichen Fällen der Verkennung eines gesetzlichen Zulassungsgrundes wurde ausschließlich an Hand der Begründung die Offensichtlichkeit des Gesetzesverstoßes hergeleitet[73]. Über die Rolle der Begründung hat das Bundessozialgericht allgemein ausgeführt, daß sie nicht unberücksichtigt bleiben könne bei der Prüfung der Frage, ob die Zulassung offensichtlich gegen das Gesetz verstoße, hierfür sei vielmehr gerade die Begründung maßgeblich. Der Ausspruch über die Zulassung müsse in den Fällen, in denen er vom judex a quo begründet worden ist — obgleich eine Begründungspflicht nicht bestehe (!) —, auf seine Gesetzmäßigkeit im Zusammenhang mit der vom judex a quo gegebenen Begründung überprüft werden[74]. Somit können sich für die durch die Zulassung begünstigte Prozeßpartei unangenehme Folgen ergeben, wenn der judex a quo die Zulassung begründet hat[75].

Diese Ansicht hängt damit zusammen, daß für die Rechtsprechung *offensichtlich* gesetzwidrige Zulassungen unverbindlich sind. Durch die Begründung wird die Fehlerhaftigkeit offensichtlich. Stellt man dagegen für die Nichtigkeitsfolge auf Art und Schwere des Fehlers ab, so bedarf es für den judex ad quem keines Zurückgreifens auf eine etwaige Begründung. Besonders schwere Fehler kann er an Hand der

---

[71] Und eines rechtsanwendenden Staatsakts allgemein.

[72] So auch *Thieme*, DÖV 1962, 686, 688 in bezug auf die sog. Evidenztheorie zur Ermittlung nichtiger Verwaltungsakte; im Ergebnis auch die sog. objektive Theorie, die ausschließlich auf Art und Schwere des Fehlers abstellt: *Bettermann*, MDR 1949, 394, 396; *Wolff*, MDR 1951, 523, 524 f.; *Eyermann / Fröhler*, Anh. zu § 42 VwGO, Rdn. 2; zur Berücksichtigung der Schwere des Fehlers im Rahmen teleologischer Rechtsauslegung vgl. *von Hippel*, S. 78.

[73] Vgl. etwa BGHZ 2, 396, 397; BGH, NJW 1954, 110; 1973, 1239; BAGE 2, 26 ff.; 5, 246 ff.; BAG AP Nr. 3 zu § 72 ArbGG (Zulassungsrevision); BAG AP Nr. 9 zu § 69 ArbGG.

[74] BSGE 10, 269, 272.

[75] In diesem Sinne auch *Sauer*, BB 1969, 1119.

gesetzlichen Zulassungsvorschriften erkennen. Im übrigen ist es durchaus möglich, daß eine Zulassung richtig und nur ihre Begründung fehlerhaft ist, so daß auch insoweit Bedenken gegen eine Berücksichtigung der Begründung im Rahmen der Wirksamkeitsprüfung der Zulassung bestehen.

Gesetzlose Zulassungen, d. h. Zulassungen, die aus anderen als den gesetzlichen Gründen ausgesprochen werden, sind allerdings als solche nur erkennbar, wenn der judex a quo den Grund der Zulassung angibt[76].

---

[76] Dazu unten § 5 III.

§ 5. Die einzelnen Zulassungsfehler und ihre Folgen

I. Wirkungslosigkeit von Zulassungen in zulassungsunfähigen Entscheidungen

Für die Rechtsmittelzulassungen in zulassungsunfähigen Entscheidungen besteht in Rechtsprechung und Schrifttum im Ergebnis Einigkeit darüber, daß sie wirkungslos und damit unverbindlich für den judex ad quem sind. So ist die Wirkungslosigkeit von Revisionszulassungen in folgenden Fällen genereller Unstatthaftigkeit der Revision anerkannt: im Verfahren des Arrestes und der einstweiligen Verfügung im Zivil- und Arbeitsgerichtsprozeß[1] — in bestimmten Rechtsstreitigkeiten des Sozialgerichtsverfahren, in denen der judex a quo endgültig entscheidet[2] — in unanfechtbaren Zwischenurteilen[3] sowie im Normenkontrollverfahren des allgemeinen Verwaltungsprozesses[4]. Gleichfalls hierzu zählt die Revisionszulassung in vermögensrechtlichen Streitigkeiten gegen ein die örtliche Zuständigkeit bejahendes Zwischenurteil. Obwohl der Wortlaut von § 549 Abs. 2 ZPO[5] dafür spricht, daß es sich um eine Voraussetzung der Begründetheit der Revision handelt[6], geht die wohl herrschende Meinung davon aus, daß diese Vorschrift ihre Statthaftigkeit betrifft[7], mit der Folge, daß solche Zwischenurteile ebenfalls revisionszulassungsunfähig sind und eine etwa dennoch ausgesprochene Zulassung wirkungslos ist[8]. Bei Endurteilen führt § 549 Abs. 2 ZPO nicht zur Revisionsunfähigkeit, sondern schließt nur eine bestimmte Revisionsrüge aus.

---

[1] RAGE 1, 11, 12; *Auffarth*, NJW 1957, 484, 486; *Feyock*, S. 46; *Kuchinke*, S. 43; *Paulus*, ZZP 71, 188, 206; *Dietz / Nikisch*, § 72 ArbGG, Rdn. 23.

[2] BSGE 1, 104, 106; 10, 230, 232 f.; 13, 140, 141; *Rohwer-Kahlmann*, § 162 SGG, Rdn. 8.

[3] BGHZ 3, 244, 246 = ZZP 65, 206 mit zust. Anm. *Rosenberg* = LM Nr. 2 zu § 511 ZPO mit zust. Anm. *Pohle;* BVerwG, MDR 1957, 311, 312; BVerwG, VerwRspr. 14, 380, 382 f.; *Fögen*, S. 286; *Kuchinke*, S. 43; *Paulus*, ZZP 71, 188, 206; *Haueisen*, SozGerbkt. 1955, 1, 2.

[4] BVerwGE 3, 143, 144.

[5] Gilt gemäß § 202 SGG auch im SGG: BSGE 10, 233, 239.

[6] So KG, JR 1966, 349; OLG München, ZZP 52, 326, 327; *Baumbach / Lauterbach / Albers / Hartmann*, § 546 ZPO, Anm. 3 iVm § 512 a ZPO, Anm. 2.

[7] RGZ 93, 351 f.; 110, 56 ff.; BGH, NJW 1953, 222; OGHZ 1, 296, 297; *Wieczorek*, § 546 ZPO, Anm. J; nach *Blomeyer*, § 104 III 3 b iVm § 103 I 3 betreffen die §§ 549 Abs. 2, 512 a ZPO die *Zulässigkeit* des Rechtsmittels.

[8] OGHZ 1, 296, 297; BSGE 10, 233, 238; *Rohwer-Kahlmann*, § 162 SGG, Rdn. 8.

I. Zulassungsunfähige Entscheidungen

Das muß auch bei den übrigen Rechtsmittelzulassungen gegen zulassungsunfähige Entscheidungen gelten. Hinter den von der Rechtsprechung entschiedenen Fällen steht das allgemeine Prinzip, daß Rechtsmittelzulassungen dann wirkungslos sind, wenn und soweit sie in Entscheidungen ausgesprochen wurden, die generell kraft Gesetzes von der Überprüfung in dem betreffenden Rechtsmittelverfahren ausgeschlossen sind.[9]

1. Was allerdings an Begründungen dafür vorgetragen wird, betrifft in der Regel nur die Unzulässigkeit einer solchen Zulassung, nicht dagegen deren Wirkungslosigkeit. Meistens wird eingehend dargelegt und begründet, weshalb sie unzulässig ist, und dann ohne nähere Ausführungen von der Unzulässigkeit auf ihre Wirkungslosigkeit geschlossen[10]. Die teilweise verwendete Formel, die Zulassung könne nur die sonst nötige Beschwerdesumme ersetzen[11], nicht dagegen die übrigen Statthaftigkeitsvoraussetzungen eines Rechtsmittels, betrifft nur deren Unzulässigkeit, stellt jedoch keine Begründung für die Wirkungslosigkeit von Zulassungen in zulassungsunfähigen Entscheidungen dar. Unzutreffend ist die Bemerkung *Feyocks*, daß nur eine an sich statthafte Revision durch die Zulassung zulässig gemacht werden könne, weil die Statthaftigkeit eines Rechtsmittels immer noch vor dessen Zulässigkeit stehe[12]. Die Zulassung betrifft ja gerade die Statthaftigkeit des Rechtsmittels, d. h. die Anfechtbarkeit der Entscheidung des judex a quo. Die Ausführungen *Vorndrans*, daß die Zulassung den Rechtsmittelweg nur in Übereinstimmung, nicht aber in Widerspruch zum Gesetz eröffnen könne, weil das Gericht mit der Zulassung des Rechtsmittels nur eine ihm gesetzlich eingeräumte Ermächtigung auszuüben vermag[13], können richtigerweise ebenfalls nur die Unzulässigkeit der Zulassung betreffen. Sollte damit jedoch deren Unwirksamkeit begründet werden, so liefe dies auf die *Hanack*sche These von der Wirkungslosigkeit jeder fehlerhaften Rechtsmittelzulassung hinaus[14]. Wie jedoch bereits bei der Auseinandersetzung mit *Hanack* dargelegt[15] und im einzelnen noch zu

---

[9] In diesem Sinne verallgemeinernd: BVerwG, VerwRspr. 21, 121, 122; *Hanack*, aaO, S. 317 f.; *Müller*, Festschrift für Herschel, S. 163; *Paulus*, ZZP 71, 188, 206; *Feyock*, S. 46; *Weyreuther*, Rdn. 186; *Ule*, § 132 VwGO, Anm. II 3. Ähnlich auch *Baur*, JZ 1954, 146, 147; *Denecke*, RdA 1956, 327; *Baring*, DVBl. 1961, 349, 352, nur daß diese ungenau davon sprechen, daß eine Zulassung bei unzulässigem Rechtsmittel wirkungslos ist.

[10] Vgl. etwa: RAGE 1, 11, 12; RAG, Bensh 25, 211, 212; BGHZ 3, 244, 246; BVerwG, VerwRspr. 14, 380, 383; BSGE 1, 104, 106; 10, 230, 232 f.; 13, 140, 141; *Blomeyer*, § 104 II 2 a; *Dietz / Nikisch*, § 72 ArbGG, Rdn. 23; *Feyock*, S. 46; *Hanack*, S. 317 f; *Weyreuther*, Rdn. 186; *Vorndran*, S. 110.

[11] RAG, Bensh 25, 211, 212; *Blomeyer*, § 104 II 2 a.

[12] *Feyock*, S. 46.

[13] *Vorndran*, S. 110.

[14] Vgl. dazu oben § 4 II 1 b.

[15] Vgl. oben S. 74 ff.

zeigen sein wird, gibt es sehr wohl Zulassungen, die im Widerspruch zum Gesetz ergehen und dennoch wirksam, d. h. verbindlich für den judex ad quem sind, was übrigens auch von *Vorndran* selbst anerkannt wird[16].

Soweit die Wirkungslosigkeit derartiger Zulassungen damit begründet wird, daß diese „offensichtlich" gesetzwidrig seien[17], kann dem nach den obigen Ausführungen nicht gefolgt werden. Der Hinweis auf einen schwerwiegenden Mangel bei Zulassungen in zulassungsunfähigen Entscheidungen[18] mag zwar im Ergebnis zutreffen; für sich allein stellt er jedoch keine ausreichende Begründung der Wirkungslosigkeit dar.

Eine eingehendere Begründung der Wirkungslosigkeit findet sich bei *Paulus*. Eine Zulassung könne nicht die gesetzlichen Schranken durchbrechen, die der Revision (bzw. den anderen Rechtsmitteln)[19] auch bei Vorliegen hinreichender Beschwer gezogen seien. Der judex a quo habe keine Macht, das Rechtsmittelgericht von der Befolgung der Gesetzesregeln zu dispensieren, kraft denen es Entscheidungen (oder Rechtsfragen) bestimmter Art nicht überprüfen darf[20]. Insoweit handelt es sich lediglich um die Begründung der Unzulässigkeit derartiger Zulassungen. In seinen weiteren Ausführungen unterscheidet *Paulus* zwischen den Normen über die Zulassungsvoraussetzungen und den Normen über die Zulassungswirkung[21]. Die Normen über die Zulassungswirkung hätten Geltung nur in dem durch das allgemeine Revisionsreglement gezogenen Rahmen, wobei die Vorschriften des allgemeinen Regelungskreises vorrangig seien[22]. Nach *Paulus* entspricht demnach der durch das allgemeine Revisions-(Rechtsmittel-)reglement beschränkten Zulassungsbefugnis des judex a quo eine von vornherein beschränkte Zulassungswirkung. Nur in diesen Grenzen könne die Zulassung überhaupt wirken. Eine Zulassungsentscheidung, die diese Grenzen nicht respektiere, sei wirkungslos[23].

2. Eine zutreffendere Begründung der Wirkungslosigkeit ergibt sich, wenn man sich vor Augen hält, daß der Grund der Unzulässigkeit von Rechtsmittelzulassungen in zulassungsunfähigen Entscheidungen in der Rechtskraft dieser Entscheidungen liegt[24]. Für die Nichtigkeitsfolge

---

[16] Vgl. *Vorndran*, S. 97 f.
[17] So BVerwG, VerwRspr. 14, 380, 383; BSGE 10, 230, 233; 13, 140, 141; *Haueisen*, SozGerbkt. 1955, 1 f.; *Vorndran*, S. 110.
[18] *Kuchinke*, S. 43.
[19] Eigener Zusatz.
[20] *Paulus*, ZZP 71, 188, 206.
[21] Vgl. dazu auch oben § 2, 2 a cc.
[22] *Paulus*, ZZP 71, 188, 206.
[23] *Paulus*, ZZP 71, 188, 206.
[24] Vgl. oben § 3 A I.

einer Rechtsmittelzulassung sind Art und Schwere ihrer Fehlerhaftigkeit entscheidend[25]. Deshalb ist zu untersuchen, welcher Art der Zulassungsfehler ist und zu fragen, ob er von einem solchen Gewicht ist, daß derartige Zulassungen als wirkungslos und damit unverbindlich für den judex ad quem behandelt werden müssen.

a) Bei Rechtsmittelzulassungen in zulassungsunfähigen Entscheidungen handelt es sich um einen inhaltlichen Mangel der Zulassung, nicht dagegen um einen Zuständigkeitsmangel. Daß der judex a quo bei zulassungsunfähigen Entscheidungen nicht zur Zulassung ermächtigt ist, bedeutet nicht, daß eine dennoch ausgesprochene Zulassung an einem Zuständigkeitsmangel leidet. Mit dieser Begründung wäre jeder inhaltliche Fehler eines rechtsanwendenden Staatsaktes ein Zuständigkeitsmangel, weil bei jedem inhaltlichen Fehler die gesetzliche Befugnis des erlassenden Staatsorgans fehlt bzw. überschritten ist. Eine Anordnung leidet an inhaltlicher Rechtswidrigkeit, nicht an Unzuständigkeit des erlassenden Organs, wenn sie von keiner staatlichen Stelle rechtens hätte ergehen können[26]. Zuständigkeit hingegen bedeutet die Fähigkeit eines Staatsorgans, sich im Gegensatz zu einem anderen Staatsorgan mit einer Sache zu befassen[27]. Mit anderen Worten: die Zuständigkeit betrifft die Frage des „Wer" eines Staatsakts; ein inhaltlicher Mangel liegt vor, wenn das „Was" oder „Wann" falsch beurteilt wurde. Demzufolge werden Zuständigkeitsmängel bei Rechtsmittelzulassungen wohl kaum vorkommen, weil nicht anzunehmen ist, daß ein judex a quo ein Rechtsmittel gegen eine Entscheidung eines anderen judex a quo zuläßt.

b) Bei Rechtsmittelzulassungen in zulassungsunfähigen Entscheidungen handelt es sich nicht um einen inhaltlichen Mangel, der darauf beruht, daß eine Rechtsfolge angeordnet wird, die ihrer Art nach dem geltenden Recht unbekannt ist[28]. Damit sind nur solche Anordnungen gemeint, die eine „in der Rechtsordnung absolute Unerlaubtheit" darstellen[29]. Rechtsmittelzulassungen in zulassungsfähigen Entscheidungen stellen keine absolute Unerlaubtheit in diesem Sinne dar. Ihre Unzu-

---

[25] Vgl. oben § 4 II 2 b.
[26] *Imboden*, S. 102; ähnl. auch *Jellinek*, S. 34 ff.
[27] *Andersen*, Ungültige Verwaltungsakte, 1927, S. 74; *Imboden*, S. 102.
[28] Derartige Richtersprüche sind nach h. M. wirkungslos: *Bettermann*, Gedächtnisschrift für Jellinek, S. 380; *Götz*, S. 45; *Lüke / Zawar*, JuS 1970, 205, 212; *Blomeyer*, § 81 III 2 a; *Baumbach / Lauterbach / Albers / Hartmann*, Vorbem. § 300 ZPO, Anm. 3 C, D; gegen die Ansicht von der Wirkungslosigkeit des sog. rechtsfremden Urteils: *Jauernig*, S. 179 ff. (mit eingehender Begründung); ihm folgend: *Stein / Jonas / Grunsky*, Vorbem. § 578 ZPO, Anm. I 2 b ff.
[29] *Andersen* (Fußn. 27), S. 175; in diesem Sinne auch *Imboden*, S. 142, der von einer „als solcher verpönten Maßnahme" spricht.

lässigkeit ergibt sich nicht unabhängig und abstrakt von den Voraussetzungen des Einzelfalles[30], sondern gerade wegen der Voraussetzungen des konkreten Falles und in bezug auf sie. Nicht der Ausspruch der Rechtsmittelzulassung ist dem judex a quo generell verwehrt, sondern nur eine Zulassung unter diesen Voraussetzungen und in diesen Fällen, weil und soweit es sich nämlich um zulassungsunfähige Entscheidungen handelt.

c) Ein schwerer, die Nichtigkeitsfolge herbeiführender inhaltlicher Mangel eines rechtsanwendenden Staatsakts liegt vor, wenn bei einer Wertung des mißachteten Rechtsgutes und der gegen den Eintritt der Nichtigkeitssanktion wirkenden Interessen jene den Vorzug verdienen. Die Verletzung der um der öffentlichen Ordnung willen erlassenen Vorschriften muß also schwerer wiegen als die sich aus der Annahme der Nichtigkeit ergebende Beeinträchtigung der Rechtssicherheit[31].

Wären Rechtsmittelzulassungen in zulassungsunfähigen Entscheidungen wirksam, so würden die gesetzlichen Vorschriften über die Unanfechtbarkeit bestimmter Arten von Entscheidungen umgangen. Der judex a quo könnte in die formelle Rechtskraft seiner Entscheidung eingreifen. Die Beseitigung der formellen Rechtskraft als Folge der Wirksamkeit von Rechtsmittelzulassungen in zulassungsunfähigen Entscheidungen muß gegenüber einem Vertrauensschutz der durch die Zulassung begünstigten Prozeßpartei so schwer wiegen, daß die einzig sinnvolle Folge dieses Zulassungsfehlers die Wirkungslosigkeit ist.

d) Teilweise wird die Ansicht vertreten, die Nichtigkeitsfolge trete dann ein, wenn die Rechtswidrigkeit eines Staatsaktes absolut sei, d. h. unabhängig von der Bezogenheit des Rechts auf den zu entscheidenden Fall bestehe[32]: wenn kein noch so gearteter Sachverhalt den Ausspruch dieser Rechtsfolge rechtfertigen könne. Es sind dies in erster Linie die sog. rechtsfremden Anordnungen, um die es sich aber bei Rechtsmittelzulassungen in zulassungsunfähigen Entscheidungen nicht handelt. Jedoch können auch relativ rechtswidrige Anordnungen, d. h. solche, bei denen die gesetzlichen Voraussetzungen im Einzelfall fehlen, eine qualifizierte Rechtswidrigkeit aufweisen. Dies ist dann der Fall, wenn diese Voraussetzungen allgemeiner Natur sind. Die betreffende Anordnung wird vom Gesetz nicht nur hinsichtlich ihrer konkreten Tatbestandselemente, sondern generell für Fälle dieser Art als unzulässig erklärt[33].

---

[30] Was Voraussetzung für die Annahme einer „absoluten Unerlaubtheit" ist: *Imboden*, S. 142.
[31] *Imboden*, S. 81; vgl. auch *von Hippel*, S. 78 zur erforderlichen Fehlerabstufung.
[32] *Wolff*, MDR 1951, 523, 525.
[33] *Imboden*, S. 143.

I. Zulassungsunfähige Entscheidungen

Damit werden diese allgemeinen Voraussetzungen für den Erlaß einer bestimmten Anordnung zu sog. allgemeinen Rechtmäßigkeitsbedingungen. Allgemeine Rechtmäßigkeitsbedingungen in diesem Sinne können vorliegen, wenn die Zulässigkeit einer bestimmten Anordnung von der Art und den allgemeinen Eigenschaften der durch sie berechtigten oder verpflichteten Rechtssubjekte abhängt[34]. Gleiches muß aber auch dann gelten, wenn die Zulässigkeit der Anordnung nicht von der Art und den allgemeinen Eigenschaften eines Rechtssubjektes abhängt, sondern — gewissermaßen gegenständlich — von der Art und besonderen Eigenschaften des Staatsaktes, dessen Bestandteil sie ist. Die Zulässigkeit einer Rechtsmittelzulassung ist unter anderem von der Art der Entscheidung abhängig, in der sie ausgesprochen wird, d. h. es muß sich um zulassungsfähige Entscheidungen handeln. Damit stellt sich die Zulassungsfähigkeit der Entscheidung als eine sog. allgemeine Rechtmäßigkeitsbedingung der Zulassung dar. Die Verletzung einer allgemeinen Rechtmäßigkeitsbedingung stellt eine qualifiziertere Rechtswidrigkeit dar als die bloße Mißachtung der besonderen Zulässigkeitsvoraussetzungen eines Staatsakts. Für diese Ansicht ist daher die Verletzung allgemeiner Rechtmäßigkeitsbedingungen ein Indiz für die Wirkungslosigkeit des betreffenden Staatsakts insofern, als diese „zumeist auch eine krasse, materiell besonders schwere Beeinträchtigung der Legalität darstellt"[35].

Schließlich folgt die Wirkungslosigkeit von Zulassungen in zulassungsunfähigen Entscheidungen daraus, daß die Zulassung hier generell unerheblich ist, weil das Rechtsmittel generell, d. h. unter allen Umständen unstatthaft ist[36]. Wird ein Rechtsmittel trotz genereller Unstatthaftigkeit zugelassen, so ist der Fehler deshalb schwerwiegend, weil die gesetzliche Entscheidung mißachtet wird, bestimmte Urteile generell von rechtsmittelgerichtlicher Überprüfung auszuschließen, sie vielmehr mit ihrem Erlaß bereits rechtskräftig werden zu lassen.

3. Dieses Ergebnis steht in Einklang mit dem Entlastungszweck des Instituts richterlicher Rechtsmittelzulassung. Die Feststellung der Wirkungslosigkeit derart rechtswidriger Zulassungen erfordert vom judex a quo keine Einarbeitung in den konkreten Rechtsstreit, sondern kann ohne große Mühe und ohne nennenswerte Arbeitsbelastung getroffen werden.

---

[34] *Imboden*, S. 143 f. mit zahlreichen Beispielen für Verwaltungsakte.
[35] *Imboden*, S. 145.
[36] Siehe oben § 3 A I.

II. Wirksamkeit von Zulassungen bei fehlerhafter Beurteilung der Zulassungsgründe

1. Die Rechtsmittelzulassung wegen grundsätzlicher Bedeutung

a) Bei der Rechtsmittelzulassung wegen grundsätzlicher Bedeutung spielt die Unterscheidung zwischen Interpretations- und Subsumtionsfehler für die Beurteilung ihrer Wirkungslosigkeit in der Praxis der obersten Bundesgerichte eine entscheidende Rolle.

Das Reichsarbeitsgericht vertrat noch die Ansicht, sowohl bei falscher Auslegung der gesetzlichen Zulassungsgründe als auch bei fehlerhafter Anwendung im Einzelfall sei eine Rechtsmittelzulassung für den judex ad quem bindend, also wirksam[37]. Hingegen führen nach neuerer Rechtsprechung Interpretationsfehler zur Wirkungslosigkeit, während dies bei bloßen Subsumtionsfehlern nicht der Fall sein soll[38]. Insbesondere das Bundesarbeitsgericht hat mehrfach die, nach seiner Auffassung die Wirkungslosigkeit einer Zulassung begründende, offensichtliche Gesetzwidrigkeit in Fällen bejaht, in denen der judex a quo den Begriff der grundsätzlichen Bedeutung verkannt, d. h. falsch interpretiert hatte[39]. Als Anhaltspunkt bzw. Beurteilungsmaßstab dafür diente dem Bundesarbeitsgericht die der jeweiligen Zulassung beigefügte Begründung.

Da als entscheidendes Kriterium für die Wirkungslosigkeit einer Zulassung Art und Schwere des Fehlers erkannt worden sind, muß gefragt werden, ob die von der Rechtsprechung vorgenommene Unterscheidung zwischen Interpretations- und Subsumtionsfehlern relevant ist. Dies würde einmal die Durchführbarkeit dieser Unterscheidung voraussetzen. Zum anderen wäre erforderlich, daß sich Interpretations- und Subsumtionsfehler in Art und Schwere derart unterscheiden, daß davon die Wirkungslosigkeit abhängig gemacht werden könnte.

Beim unbestimmten Rechtsbegriff — wie „grundsätzliche Bedeutung" — ist dem Richter einmal aufgegeben, den juristischen Obersatz selbst zu bilden, d. h. eine allgemein gültige Aussage über die Auslegung eines Tatbestandsmerkmals zu formulieren[40]. Zum anderen muß er — wie

---

[37] So: RAG, Bensh 6, 111, 114; 6, 554, 555; 15, 119, 120; desgl. noch BAGE 2, 40, 42; diese Entscheidung stellt jedoch einen Einzelfall in der Rspr. des BAG dar und führte wegen Divergenz von BAGE 1, 172 ff.; 2, 26 ff. u. BAG AP Nr. 9 zu § 69 ArbGG zur Entscheidung des Großen Senats des BAG (BAGE 3, 46 ff.).

[38] Diesen Unterschied betonen: RAG, Bensh 17, 8; BAG AP Nr. 1 zu § 72 ArbGG (Zulassungsrevision); BAG AP Nr. 7 zu § 1 FeiertagslohnzahlungsG von Berlin; BVerwG, Gewerbearchiv 1965, S. 16; BSGE 10, 269, 271.

[39] BAGE 1, 172, 173; 2, 26, 31; 5, 246, 249; BAG AP Nr. 3 zu § 72 ArbGG (Zulassungsrevision); BAG AP Nr. 9 zu § 69 ArbGG.

[40] Dazu Henke, Die Tatfrage, Der unbestimmte Rechtsbegriff im Zivilrecht und seine Revisibilität, 1965, S. 116 f., 124.

stets — die logische Unterordnung der Sachverhaltselemente unter die Gattungsbegriffe des gesetzlichen Tatbestandes vornehmen[41]. Eine Begriffsverkennung bei Auslegung eines unbestimmten Rechtsbegriffs kann als unmittelbarer oder mittelbarer Interpretationsfehler auftreten. Ein unmittelbarer Interpretationsfehler liegt vor, wenn sich bereits aus den Formulierungen des Obersatzes die Verkennung eines Rechtsbegriffs ergibt. Beim mittelbaren Interpretationsfehler wird erst innerhalb der Ausführungen zum konkreten Fall ein Mißverständnis des Rechtsbegriffs ersichtlich[42]. Angesichts dieser Schwierigkeiten ist die Berechtigung der Unterscheidung zwischen Interpretations- und Subsumtionsfehlern beim unbestimmten Rechtsbegriff zu Recht angezweifelt worden[43]. Für die Zulassung wegen grundsätzlicher Bedeutung heißt das, daß die Feststellung, ob es sich im Einzelfall um einen Interpretations- oder Subsumtionsfehler handelt, oft schwierig und problematisch, wenn nicht gar unmöglich ist. Nimmt man mit der Rechtsprechung bei Interpretationsfehlern Wirkungslosigkeit, bei Subsumtionsfehlern dagegen Wirksamkeit der Zulassung an, so wird in zahlreichen Fällen Unklarheit und Unsicherheit geschaffen, weil eben die Fehlerursache oft nicht eindeutig und zweifelsfrei vom judex ad quem bestimmt werden kann. Allenfalls könnte die Wirkungslosigkeit der Zulassung dort angenommen werden, wo eindeutig und erkennbar ein reiner Interpretationsfehler des judex a quo vorliegt. Wenn aber nur ein „offensichtlicher" Interpretationsfehler zur Wirkungslosigkeit führen soll, dann läuft das auf die Evidenztheorie hinaus, die die Wirkungslosigkeit von der Erkennbarkeit des Fehlers abhängig macht. Wegen dieser Schwierigkeiten erscheint eine Trennung zwischen Interpretations- und Subsumtionsfehlern kaum durchführbar. Eine differenzierende Behandlung hinsichtlich der Fehlerfolgen ist daher nicht angebracht; vielmehr müssen beide Fehlerursachen insoweit gleich behandelt werden.

b) Somit ist zu fragen, ob diese Fehler wegen ihrer Art und ihres Gewichts die Wirkungslosigkeit der Zulassung erfordern. Was die Art des Fehlers angeht, so handelt es sich um die Verletzung einer besonderen Zulässigkeitsvoraussetzung der Zulassung. Bei den Zulassungen in zulassungsunfähigen Entscheidungen beruhte der Mangel darauf, daß der judex a quo die allgemeine Rechtmäßigkeitsbedingung mißachtet hat, daß bestimmte Arten von Entscheidungen nicht anfechtbar sind[44]. Im Gegensatz dazu stehen die besonderen Zulässigkeitsvoraussetzungen, an deren Vorliegen das Gesetz die Zulässigkeit einer konkreten

---

[41] *Henke*, (Fußn. 40), S. 117.
[42] Dazu im einzelnen *Henke*, (Fußn. 40), S. 132.
[43] Vgl. die Nachweise bei *Henke*, (Fußn. 40), S. 117 ff.; *Larenz*, Methodenlehre der Rechtswissenschaft, 3. Aufl., 1975, S. 298.
[44] Vgl. oben S. 91.

§ 5. Die einzelnen Zulassungsfehler und ihre Folgen

Rechtsmittelzulassung knüpft, insbesondere also die gesetzlichen Zulassungsgründe[45]. Die Verletzung einer besonderen Zulässigkeitsvoraussetzung ist ein Indiz für die Wirksamkeit solcher Rechtsmittelzulassungen[46]. Denn die „relative" Rechtswidrigkeit[47], d. h. die von der Beurteilung der im Einzelfall obwaltenden Umstände abhängige Rechtswidrigkeit, führt regelmäßig nicht zur Wirkungslosigkeit des betreffenden Staatsakts[48].

Was die für die Frage der Wirkungslosigkeit ferner wesentliche Schwere des Fehlers betrifft, so ist zwischen dem mißachteten Rechtsgut und den gegen den Eintritt der Nichtigkeitsfolge wirkenden Interessen abzuwägen. Bei Interpretations- und Subsumtionsfehlern hinsichtlich des Zulassungsgrundes der grundsätzlichen Bedeutung spricht zugunsten des Bestandes der Zulassung, daß es der begünstigten Prozeßpartei nicht zum Vorwurf gemacht werden kann, wenn sie die Fehlerhaftigkeit nicht erkannte. Es hat sich gezeigt, daß es teilweise erhebliche Schwierigkeiten bereitet, den Begriff der grundsätzlichen Bedeutung sinnvoll und zweckentsprechend auszulegen[49]. Diese Schwierigkeiten dürfen nicht zu Lasten der begünstigten Prozeßpartei gehen, indem man ihr schutzwürdiges Vertrauen in den rechtlichen Bestand der Zulassung ignoriert und die Wirkungslosigkeit bei Interpretations- oder Subsumtionsfehlern annimmt. Das bedeutet, daß derart fehlerhafte Zulassungen schon aus diesem Grunde wirksam sein müssen.

Ferner würde die Annahme der Wirkungslosigkeit bei bloßen Interpretations- oder Subsumtionsfehlern gegen den allgemeinen Grundsatz verstoßen, daß bei rechtsanwendenden Staatsakten die Nichtigkeit als Folge ihrer Fehlerhaftigkeit die Ausnahme bleiben muß und nicht zur Regel werden darf[50]. Bei der falschen Interpretation eines unbestimmten Rechtsbegriffs und bei der fehlerhaften Subsumtion des konkreten Sachverhalts unter diesen Begriff handelt es sich um die typischen und regelmäßigen Fehler rechtsanwendender Staatsakte. In diesen Fällen die Wirkungslosigkeit des betreffenden Staatsaktes annehmen hieße, die Ausnahme zur Regel zu machen.

c) Mit Annahme der Wirksamkeit wird auch der konstitutiven und begünstigenden Wirkung der Rechtsmittelzulassung Rechnung getragen,

---

[45] Allgemein zur Unterscheidung allgemeine Rechtmäßigkeitsbedingung — besondere Zulässigkeitsvoraussetzung bei rechtsanwendenden Staatsakten: *Imboden*, S. 143, 146.
[46] So allgemein für rechtsanwendende Staatsakte: *Imboden*, S. 146.
[47] Vgl. *Wolff*, MDR 1951, 523, 525.
[48] *Wolff*, MDR 1951, 523, 525; *Imboden*, S. 146 f.
[49] Siehe oben § 3 A III 1 d.
[50] Zu diesem Grundsatz vgl. *Imboden*, S. 137; *Jellinek*, S. 104; *Bettermann*, Gedächtnisschrift für Jellinek, S. 378 f.

die eine erhöhte Bestandskraft gegenüber den rein feststellenden Staatsakten haben muß. Wird durch den Ausspruch der Zulassung eine Rechtslage gestaltet, d. h. erfährt sie eine Änderung gegenüber der vorher bestehenden, so kann dem Gestaltungsakt nur in besonders gelagerten und eng begrenzten Ausnahmefällen die Wirksamkeit, also die Fähigkeit zur Rechtsänderung, abgesprochen werden. Bei Interpretations- oder Subsumtionsfehlern hinsichtlich des Zulassungsgrundes der grundsätzlichen Bedeutung handelt es sich aber, wie gesagt, nicht um Ausnahmen, sondern um Regelfälle der Fehlerhaftigkeit von Rechtsmittelzulassungen. Auch beim Verwaltungsakt führt ja die Verkennung eines unbestimmten Rechtsbegriffes oder dessen falsche Anwendung nicht zur Nichtigkeit[51] des Verwaltungsakts. Ist dies schon beim Verwaltungsakt der Fall, dann muß es erst recht bei der richterlichen Rechtsmittelzulassung gelten. Als verfahrensgestaltender Richterakt genießt sie in viel stärkerem Maße Bestandsschutz als ein Verwaltungsakt. Die Zulassung ist generell unanfechtbar und unabänderlich; der Verwaltungsakt hingegen generell anfechtbar und in gewissen Grenzen auch abänderlich. Ein Richterakt kann nicht wirkungslos sein, wo ein an gleichen Fehlern leidender Verwaltungsakt wirksam ist. Im Gegenteil muß wegen ihrer erhöhten Bestandsfestigkeit die Zulassung in engeren Grenzen wirkungslos sein als ein Verwaltungsakt. Die bloße falsche Interpretation oder Subsumtion der gesetzlichen Zulassungsgründe reicht dafür jedenfalls nicht aus.

d) Schließlich spricht gegen die Annahme der Wirkungslosigkeit in diesen Fällen das Argument, daß das geltende Recht vom Prinzip der konstitutiven Zulassungsrechtsmittel ausgeht und nicht vom Prinzip der Zulässigkeitsrechtsmittel[52]. Eine Ausdehnung der Wirkungslosigkeit auf Interpretations- und/oder Subsumtionsfehler würde im Ergebnis auf das System der Zulässigkeitsmittel hinauslaufen. Der judex ad quem müßte dann jede Zulassung auf ihre Rechtmäßigkeit überprüfen — eine Entlastung wäre nicht mehr vorhanden.

2. Die Rechtsmittelzulassung wegen Divergenz

a) Regelmäßig Wirksamkeit fehlerhafter Divergenzzulassungen

aa) Für die fehlerhaften Revisionszulassungen wegen Divergenz hat der Bundesgerichtshof zunächst unter Berufung auf *Schönke*[53] die An-

---

[51] Vgl. dazu *Wolff-Bachof*, VerwR I, § 51 IV b 2; *Eyermann / Fröhler*, Anh. § 42 VwGO, Rdn. 10; *Heike*, Der gegenwärtige Stand der Lehre vom nichtigen Verwaltungsakt, Diss. Göttingen, 1959, S. 94.
[52] Zum Unterschied vgl. oben S. 76 ff.
[53] *Schönke*, Zivilprozeßrecht, 7. Aufl., 1951, S. 365.

sicht vertreten, eine solche Zulassung sei dann unverbindlich, wenn die abweichende Rechtsansicht nicht die Grundlage der Entscheidung des Revisionsgerichts gebildet habe. Hier sei das Rechtsmittel entgegen dem Gesetz zugelassen, weil in Wirklichkeit keine Abweichung von einer Entscheidung des Revisionsgerichts vorliege[54]. Dies steht in deutlichem Gegensatz zur Ansicht des Bundesarbeitsgerichts zur Wirkungslosigkeit fehlerhafter Zulassungen wegen grundsätzlicher Bedeutung[55]. Einmal wird das beim Zulassungsgrund der grundsätzlichen Bedeutung herangezogene Kriterium der Offensichtlichkeit der Gesetzesverletzung hier nicht verwendet. Zum anderen wird kein Unterschied zwischen Interpretations- und Subsumtionsfehlern gemacht. Denn der vom Bundesgerichtshof gerügte Fehler, daß die abweichende Rechtsansicht nicht die Grundlage der Vorentscheidung gebildet hat, kann sowohl auf falscher Interpretation des Zulassungsgrundes der Divergenz durch den judex a quo beruhen, aber auch darauf, daß zwar die Bedeutung des Begriffes der Divergenz richtig erfaßt wurde, in concreto jedoch keine entscheidungserhebliche Abweichung vorliegt (Subsumtionsfehler).

Später hat der Bundesgerichtshof diese strenge Auffassung gelockert. Unter ausdrücklicher Übernahme des Grundsatzes, daß Rechtsmittelzulassungen nur bei offensichtlicher Gesetzwidrigkeit wirkungslos sind, auf die Zulassungen wegen Divergenz[56], vertrat er die Ansicht, daß eine offensichtlich gesetzwidrige Divergenzzulassung nicht schon deshalb vorliege, weil der judex a quo eine Abweichung nur möglicherweise für gegeben halte. Die Frage, ob eine solche Abweichung vorliege, sei nicht immer leicht und eindeutig zu beantworten. Deshalb könne der Zulassung des judex a quo nicht die Wirksamkeit abgesprochen werden, wenn er sich einer Abweichung nicht ganz sicher ist, aber begründete Bedenken in dieser Richtung habe und sich, um seiner Zulassungspflicht zu genügen, für die Zulassung entscheide[57].

Auch das Bundesarbeitsgericht verwendet das Kriterium „offensichtlicher" Gesetzwidrigkeit bei der Divergenzzulassung[58]. Sie liege vor, wenn eine Divergenz nach dem Gesetz gar nicht vorliegen könne. Dies sei etwa dann der Fall, wenn das Rechtsmittel wegen Abweichung von einem in den einschlägigen Vorschriften nicht genannten Gericht zugelassen werde. Eine Nachprüfung der im Urteil des judex a quo als divergierend bezeichneten Urteile daraufhin, ob sie wirklich voneinander abweichen, finde nicht statt. Desgleichen komme es auch nicht

---

[54] BGHZ 2, 396, 398 f.
[55] Vgl. dazu oben S. 92.
[56] BGHZ 36, 56, 57.
[57] BGHZ 36, 56, 58; im gleichen Sinne auch BVerwG, JR 1969, 432, 433.
[58] BAGE 3, 46, 49.

II. Fehlerhafte Beurteilung der Zulassungsgründe

darauf an, ob die Divergenz durch eine neuere Entscheidung überholt und hinfällig geworden sei[59]. Derartige Fehler der Zulassung vermögen deren Wirkungslosigkeit also nicht zu begründen.

bb) Die Rechtsmittelzulassung wegen Divergenz, die externen und internen Divergenzvorlageverfahren und die zulassungsfreien Divergenzrechtsmittel dienen dem gleichen Zwecke[60]. Deshalb liegt es nahe, all diese Ausgleichsverfahren auch hinsichtlich der Folgen fehlerhafter Einleitung einheitlich zu behandeln. Zu untersuchen ist daher, ob die zu den externen und internen Divergenzvorlagen und den zulassungsfreien Divergenzrechtsmitteln anerkannten Grundsätze über die Wirkung fehlerhafter Vorlagen bzw. Rechtsmitteleinlegungen auf die fehlerhafte Divergenzzulassung übertragen werden können.

Für die externen Vorlageverfahren im Bereiche der Freiwilligen Gerichtsbarkeit (§§ 28 Abs. 2 FGG, 79 Abs. 2 GBO) ist es einhellige Meinung, daß der Bundesgerichtshof zwar nicht nachprüfen darf, ob es in dem konkreten Fall einer Stellungnahme zu der von dem vorlegenden Oberlandesgericht bezeichneten Rechtsfrage bedarf[61], also die Entscheidungserheblichkeit der kontroversen Rechtsfrage. Unverbindlich, d. h. wirkungslos ist eine Vorlage jedoch dann, wenn das vorlegende Gericht kein Oberlandesgericht ist[62]; es sich nicht um ein Verfahren der Freiwilligen Gerichtsbarkeit bzw. der GBO handelt[63], die Entscheidung, von der das vorlegende Gericht abweichen will, nicht von den im Gesetz genannten Gerichten erlassen wird[64], und wenn bei beabsichtigter Abweichung von einer Entscheidung eines anderen Oberlandesgerichts diese nicht auf eine weitere Beschwerde hin ergangen ist[65]. Ferner, wenn tatsächlich keine Abweichung vorliegt[66], nicht die gleiche Rechtsfrage von der Abweichung betroffen ist[67], die Rechtsfrage nicht dem Bundesrecht

---

[59] BAGE 3, 46, 49 f.
[60] Vgl. oben § 3 A III 2 b.
[61] BGHZ 7, 339, 341; BGH FamRZ 1968, 452; BGH, NJW 1968, 1477; *Müller*, ZZP 66, 245, 259; *Jansen*, 2. Aufl. 1969, § 28 FGG, Rdn. 31; *Horber*, 13. Aufl. 1974, § 79 GBO, Anm. 5 a; anders jedoch, wenn sich aus dem Vorlagebeschluß selbst ergibt, daß das vorlegende Gericht die Rechtsfrage, wegen der es vorgelegt hat, für seine Entscheidung nicht als erheblich ansieht: BGH, NJW 1968, 1477 f.; *Jansen*, § 28 FGG, Rdn. 31.
[62] *Müller*, ZZP 66, 245, 259.
[63] *Müller*, ZZP 66, 245, 259.
[64] *Jansen*, § 28 FGG, Rdn. 31 iVm Rdn. 10, 11; *Meikel / Imhof / Riedel*, 6. Aufl. 1970, § 79 GBO, Anm. 12 iVm Anm. 6, 7.
[65] *Jansen*, § 28 FGG, Rdn. 31 iVm Rdn. 13; *Meikel / Imhof / Riedel*, § 79 GBO, Anm. 12 iVm Anm. 8.
[66] BGHZ 7, 339, 341 f.; 9, 111, 112 f.; 13, 56, 57; BGH, NJW 1966, 1811, 1812; *Keidel / Winkler*, 10. Aufl. 1972, § 28 FGG, Rdn. 32; *Jansen*, § 28 FGG, Rdn. 31.
[67] BGHZ 7, 339, 341; *Müller*, ZZP 66, 245, 260; *Meikel / Imhof / Riedel*, § 79 GBO, Anm. 12 iVm Anm. 10.

§ 5. Die einzelnen Zulassungsfehler und ihre Folgen

angehört[68] oder die Abweichung sich auf eine überholte Entscheidung bezieht[69]. Entsprechendes gilt für die externen Vorlagen nach § 121 Abs. 2 GVG[70] und § 2 des Gesetzes zur Wahrung der Einheitlichkeit der Rechtsprechung der obersten Gerichtshöfe des Bundes[71].

Für die Einleitung eines internen Vorlageverfahrens[72] ist Voraussetzung, daß der erkennende Senat bei der Auslegung des gleichen Rechtssatzes[73] von der Entscheidung eines anderen Senats oder des Großen Senats abweichen will. Die Folgen einer fehlerhaften Vorlage werden nur selten erörtert[74]. Soweit dies geschieht, wird jedoch davon ausgegangen, daß der Große Senat an einen fehlerhaften Vorlagebeschluß nicht gebunden ist; dieser also wirkungslos ist, wenn die gesetzlichen Voraussetzungen der Vorlage nicht gegeben sind[75].

Für die Statthaftigkeit der zulassungsfreien Divergenzrechtsmittel gemäß §§ 72 Abs. 1 Sätze 2, 3 ArbGG, 92 Abs. 1 Satz 2 ArbGG, 24 Abs. 2 Nr. 1 LwVG ist Voraussetzung, daß eine wirkliche Abweichung von einem im Gesetz genannten Gericht vorliegt und daß die Entscheidung des judex a quo auf der Abweichung beruht[76]. Der judex ad quem muß hier, wie bei jedem anderen Rechtsmittel, das Vorliegen dieser Statthaftigkeitsvoraussetzungen von Amts wegen überprüfen.

Teilweise ist auf die ähnliche Rechtslage zwischen der Divergenzzulassung und der externen Vorlage hingewiesen[77] und daraus geschlossen

---

[68] *Jansen*, § 28 FGG, Rdn. 31; *Meikel / Imhof / Riedel*, § 79 GBO, Anm. 12 iVm Anm. 5; *Müller*, ZZP 66, 245, 259.

[69] BGHZ 5, 356, 357 f.; *Keidel / Winkler*, § 28 FGG, Rdn. 32.

[70] BGHSt 20, 258, 259; vgl. im einzelnen *Schäfer* in *Löwe / Rosenberg*, 22. Aufl. 1974, § 121 GVG, Anm. 29 a, b (m. w. N.); anders jedoch hinsichtlich der Entscheidungserheblichkeit: BGH, JZ 1952, 149, 150.

[71] Vgl. im einzelnen *Miebach*, S. 113 ff.

[72] Gemäß §§ 136 Abs. 1, 2 GVG, 45 Abs. 2 Satz 1 ArbGG, 11 Abs. 3 VwGO, 42 SGG, 11 Abs. 3 FGO; § 16 Abs. 1 BVerfGG (Vorlage an das Plenum des BVerfG).

[73] BGHZ 9, 179, 181; *Kleinknecht*, 31. Aufl. 1974, § 136 GVG, Anm. 2; *Wieczorek*, § 136 GVG, Anm. B III; *Eyermann / Fröhler*, § 11 VwGO, Rdn. 5; *Rohwer / Kahlmann*, § 44 SGG, Rdn. 3; *Ziemer / Birkholz*, § 11 FGG, Rdn. 18.

[74] Insbes. gibt es dazu — soweit ersichtlich — keine Rechtsprechung der Großen Senate; vgl. auch *Hanack*, S. 314.

[75] *Hanack*, S. 114 unter Hinweis auf die Geschäftsordnungen der obersten Bundesgerichte; *Rohwer-Kahlmann*, § 44 SGG, Rdn. 12; *Ziemer / Birkholz*, § 11 FGO, Rdn. 26.
a. A. *Dietz / Nikisch*, § 45 ArbGG, Rdn. 11; *Redeker / von Oertzen*, § 11 VwGO, Rdn. 5.

[76] Vgl. dazu *Auffarth*, NJW 1957, 484, 487 f.; *König*, MDR 1956, 129, 130 f.; *Dietz / Nikisch*, § 72 ArbGG, Rdn. 29 ff.; *Dersch / Volkmar*, § 72 ArbGG, Rdn. 26 ff.; zu § 24 Abs. 2 Nr. 1 LwVG vgl.; *Barnstedt*, 2. Aufl. 1968, § 24 LwVG, Rdn. 9 ff.

[77] So insbes. BGHZ 2, 16, 20; *Schroeder-Printzen*, ZfS 1954, 45, 46.

worden, daß die Folgen einer fehlerhaften Einleitung bei beiden Ausgleichsverfahren die gleichen sein müßten[78]. Jedoch besteht zwischen beiden Rechtsinstituten ein wesentlicher Unterschied, der auch und gerade für eine unterschiedliche Behandlung der Folgen fehlerhafter Divergenzzulassungen einerseits, fehlerhafter externer Vorlagebeschlüsse andererseits von ausschlaggebender Bedeutung ist. In den Fällen der §§ 28 Abs. 2 FGG, 79 Abs. 2 GBO steht die Zulässigkeit der weiteren Beschwerde nicht in Frage[79], nur geht die Zuständigkeit bei zulässiger Vorlage vom Oberlandesgericht auf den Bundesgerichtshof über[80]. Die Prozeßparteien bekommen hier in jedem Falle ihre Entscheidung über die weitere Beschwerde. Im Gegensatz dazu geht es bei der fehlerhaften Divergenzzulassung um die Statthaftigkeit des Rechtsmittels selbst[81]; die wirksame Zulassung eröffnet der beschwerten Prozeßpartei eine weitere Instanz[82]. Zwar handelt es sich sowohl beim Vorlagebeschluß als auch bei der Rechtsmittelzulassung um einen richterlichen Gestaltungsakt. Jedoch ist der Inhalt der Gestaltung in beiden Fällen verschieden. Während der wirksame Vorlagebeschluß nur kompetenzverschiebend wirkt, eröffnet die wirksame Zulassung eine weitere Instanz. Der Vorlagebeschluß ist begünstigungsneutral; die Rechtsmittelzulassung hingegen hat in der Regel Doppelwirkung: sie begünstigt die beschwerte und belastet die obsiegende Prozeßpartei. Bei ihr spielt der Gedanke des Vertrauensschutzes in ihren rechtlichen Bestand eine entscheidende Rolle[83], den es beim Vorlagebeschluß mangels Begünstigung einer Partei nicht geben kann. Deshalb können die Folgen fehlerhafter Einleitung beider Ausgleichsverfahren nicht die gleichen sein.

Was für die externen Divergenzvorlagen gesagt wurde, gilt erst recht für die internen Divergenzvorlagen: Wie die externen Vorlagen wirken diese kompetenzverschiebend und sind begünstigungsneutral, so daß der interne Divergenzvorlagebeschluß und die Divergenzzulassung hinsichtlich ihrer Fehlerfolgen ebenfalls nicht vergleichbar sind.

Das Problem der Vergleichbarkeit der Fehlerfolgen kann übrigens im Verhältnis von *Grundsatz*zulassung und interner Grundsatzvorlage

---

[78] *Baur*, JZ 1953, 326, 329, der jedoch seltsamerweise auf verfahrensmäßige Unterschiede hinweist, nur die Folge fehlerhafter Einleitung der Verfahren gleich behandelt wissen will.
[79] *Baur*, JZ 1954, 146, 147; hier jedoch im Gegensatz zu seinen Äußerungen in JZ 1953, 326, 329 auch einen Unterschied hinsichtlich fehlerhafter Verfahrenseinleitung betonend; wie hier: *Maurer*, RdA 1954, 220, 221.
[80] So insbes. *Auffarth*, RdA 1959, 13, 17; *Maurer*, RdA 1954, 220, 221.
[81] *Baur*, JZ 1954, 146, 147 spricht von der „Zulässigkeit" des Rechtsmittels.
[82] So insbesondere BGHZ 36, 56, 58.
[83] Wie hier: BGHZ 36, 56, 58 f.; bereits angedeutet in BGH LM Nr. 29 zu § 546 ZPO.

§ 5. Die einzelnen Zulassungsfehler und ihre Folgen

nicht auftreten. Bei der *Grundsatz*vorlage kommt es nach dem Wortlaut der einschlägigen Vorschriften[84] auf die Auffassung des erkennenden Senats darüber an, ob die Fortbildung des Rechts oder die Sicherung einer einheitlichen Rechtsprechung die Vorlage der grundsätzlichen Rechtsfrage erfordern. Das bedeutet, daß eine Grundsatzvorlage auch dann wirksam, d. h. der Große Senat auch dann an sie gebunden ist, wenn dieser Vorlagegrund nicht gegeben ist[85]. Die Frage der Folgen einer fehlerhaften Einleitung ist bei der Grundsatzvorlage also — jedenfalls teilweise — gesetzlich geregelt.

Bei den zulassungsfreien Divergenzrechtsmitteln hat der judex ad quem deren gesetzliche Voraussetzungen in vollem Umfang zu überprüfen und bei Nichtvorliegen das Rechtsmittel als unstatthaft zu verwerfen. Daraus kann jedoch nicht geschlossen werden, daß auch bei der Divergenzzulassung deren Fehlerhaftigkeit gleichfalls zur Verwerfung des Rechtsmittels führen müßte[86]. Dem steht der wesentliche Unterschied beider Rechtsinstitute entgegen. Bei den zulassungsfreien Divergenzrechtsmitteln sind die Divergenz und ihre Erheblichkeit Statthaftigkeitsvoraussetzungen des Rechtsmittels. Nach allgemeinen Grundsätzen hat das Rechtsmittelgericht die Statthaftigkeit eines bei ihm eingelegten Rechtsmittels in eigener Zuständigkeit von Amts wegen zu prüfen[87]. Bei der Zulassung wegen Divergenz dagegen tritt die Statthaftigkeit des Rechtsmittels auf Grund der konstitutiven Zulassung ein, nicht jedoch auf Grund des Vorliegens der gesetzlichen Voraussetzungen der Zulassung. Diese sind keine Statthaftigkeitsvoraussetzungen des Rechtsmittels. Das ist vielmehr allein die Zulassung. Gerade darauf beruht ja die Bindung des judex ad quem an die Zulassung. Wären die Zulassungsvoraussetzungen gleichzeitig Statthaftigkeitsvoraussetzungen des Rechtsmittels, müßten sie vom judex ad quem nachgeprüft werden. Die Zulassung, d. h. die Einschaltung des judex a quo, wäre dann sinnlos.

---

[84] §§ 137 GVG, 45 Abs. 2 Satz 2 ArbGG, 11 Abs. 4 VwGO, 43 SGG, 11 Abs. 4 FGO.

[85] BVerwGE 3, 143; BFH, BStBl. 1968 II, 285, 286; *Schäfer* in *Löwe / Rosenberg*, § 137 GVG, Anm. 2 c; *Dietz / Nikisch*, § 45 ArbGG, Rdn. 11; *Eyermann / Fröhler*, § 11 VwGO, Rdn. 9; *Ziemer / Birkholz*, § 11 FGO, Rdn. 26.
A. A.: *Kleinknecht*, § 137 GVG, Anm. 4; *Dersch / Volkmar*, § 45 ArbGG, Anm. 3 b; *Rohwer-Kahlmann*, § 44 SGG, Rdn. 12.
Differenzierend BAGE 6, 149, 150; 8, 285, 289 f.; 13, 1, 2 f. (keine Bindung hinsichtlich der Beurteilung der vorgelegten Rechtsfrage als grundsätzlich bedeutsam, im übrigen Bindung).

[86] So jedoch *Müller*, Festschrift für Herschel, S. 177, der eine Ungleichbehandlung insoweit „irgendwie (!!) widerspruchsvoll" findet.

[87] Vgl. §§ 519 b Abs. 1, 554 a Abs. 1, 574 ZPO; 322 Abs. 1, 349 Abs. 1 StPO; § 64 Abs. 2 Satz 1 ArbGG iVm § 519 b Abs. 1 ZPO, § 72 Abs. 3 ArbGG iVm § 554 a Abs. 1 ZPO, § 78 Abs. 1 Satz 1 ArbGG iVm § 574 ZPO; §§ 125 Abs. 2 Satz 1, 143 Satz 1 VwGO; 158 Abs. 1, 169 Satz 1 SGG, 124 Satz 1 FGO, die einen allgemein prozeßrechtlichen Grundsatz enthalten.

Ein weiterer wesentlicher Unterschied besteht darin, daß es bei den zulassungsfreien Divergenzrechtsmitteln um die Zulässigkeit einer *Parteihandlung,* bei der Divergenzzulassung dagegen um die Wirksamkeit eines *Richterakts* geht. Dort muß das Rechtsmittelgericht die Zulässigkeit prüfen, weil sie bisher noch nicht Gegenstand richterlicher Entscheidung war, während hier der judex a quo das Vorliegen der Zulassungsvoraussetzungen bereits geprüft hat.

Damit lassen sich auch die Folgen unstatthafter zulassungsfreier Divergenzrechtsmittel nicht auf die fehlerhafte Divergenzzulassung übertragen[88]. Die Rechtsmittelzulassung wegen Divergenz verfolgt zwar den gleichen Zweck wie die übrigen Ausgleichsverfahren, hinsichtlich der Folgen einer fehlerhaften Einleitung ist sie jedoch mit ihnen nicht vergleichbar. Vielmehr stellt sie insoweit ein eigenes Rechtsinstitut dar, für das auch eigene Grundsätze gelten. Daher bleibt hier nur der Rückgriff auf die zu den Folgen fehlerhafter Rechtsmittelzulassung wegen grundsätzlicher Bedeutung erarbeiteten allgemeinen Grundsätze.

cc) Demzufolge muß auch für die fehlerhafte Rechtsmittelzulassung wegen Divergenz gelten, daß Interpretations- oder Subsumtionsfehler nicht zu deren Wirkungslosigkeit führen können. Damit sind diejenigen Divergenzzulassungen wirksam und für den judex ad quem verbindlich, bei deren Erlaß der judex a quo den Begriff der Abweichung im Sinne der einschlägigen Vorschriften verkannt hat; also darunter auch eine nicht entscheidungserhebliche Abweichung versteht, die Abweichung bezüglich verschiedener Rechtsfragen genügen läßt oder Abweichungen von überholten Entscheidungen als zulassungsbegründend ansieht. Ferner alle Zulassungen wegen Divergenz, die im Einzelfall eine Abweichung annehmen, obwohl bei richtigem Verständnis der Vorentscheidung eine Divergenz gar nicht vorliegt; insbesondere also, wenn der judex a quo die Vorentscheidung, von der er abzuweichen meint, mißverstanden und nur deshalb Divergenz angenommen hat. Auch hier zeigt sich, daß die Abgrenzung zwischen beiden Fehlerursachen im einzelnen unscharf ist und die Übergänge fließend sind, so daß eine einheitliche Behandlung geboten ist.

b) *Ausnahme: Abweichung von divergenzunfähigen Entscheidungen*

Etwas anderes könnte jedoch dann gelten, wenn der judex a quo ein Rechtsmittel wegen Divergenz von der Entscheidung eines Gerichts zuläßt, dessen Entscheidungen nach dem Gesetz die Divergenzzulassung nicht rechtfertigen. Voraussetzung wäre ein Unterschied in Art und Schwere des Fehlers gegenüber den übrigen Fällen fehlerhafter An-

---

[88] Desgl. BAGE 3, 46, 50 f.

nahme der Voraussetzungen einer Divergenzzulassung, so daß auch eine verschiedene Fehlerfolge gerechtfertigt wäre.

Bei falscher Auslegung oder Anwendung des Begriffs der Abweichung ist die Zulassung nur in dem konkreten Falle unzulässig, d. h. die Rechtswidrigkeit ist relativ, also abhängig von der Bezogenheit des Rechts auf den konkreten Sachverhalt. Bei Verletzung der Voraussetzung jeder Divergenzzulassung, daß nur eine Abweichung von Entscheidungen der in den einschlägigen Vorschriften genannten Gerichte für den judex a quo die Zulassungspflicht begründet[89], handelt es sich dagegen um einen generellen Mangel. In keinem denkbaren Falle vermag die Abweichung eines Oberlandesgerichts von einer Entscheidung eines anderen Oberlandesgerichts die Divergenzzulassung zu begründen. Diese Abweichung ist für die Divergenzzulassung schlechthin irrelevant. Eine solche Zulassung ist daher, weil unabhängig von den im Einzelfall obwaltenden Umständen, absolut oder generell rechtswidrig. Schon dies spricht für die Wirkungslosigkeit derartiger Zulassungen. Auch ist dieser Fehler für die begünstigte Prozeßpartei ungleich leichter erkennbar als die falsche Auslegung oder Anwendung des Begriffs der Divergenz. Insbesondere aber bereitet die Feststellung des Fehlers dem judex ad quem keine Schwierigkeiten und erfordert keine Detailprüfung des Rechtsstreits, so daß der Entlastungszweck der Annahme der Wirkungslosigkeit nicht entgegensteht.

Demzufolge sind Divergenzzulassungen dann wirkungslos, wenn der judex a quo ein Rechtsmittel wegen Abweichung von einer Entscheidung eines in den einschlägigen Vorschriften nicht genannten Gerichts das Rechtsmittel zuläßt[90].

c) *Keine Konversion wirkungsloser Divergenzzulassungen*

Allerdings könnte hier eine Konversion in eine andere zulässige Rechtsmittelzulassung in Betracht kommen. Voraussetzung dafür wäre, daß eine derartig fehlerhafte Divergenzzulassung notwendig eine andere Zulassung enthält, die vom judex a quo rechtens hätte erlassen werden können[91]. Die herrschende Meinung betrachtet die Divergenzzulassung als einen Unterfall der Zulassung wegen grundsätzlicher Bedeutung[92], so daß in einer wirkungslosen Divergenzzulassung stets und notwendig eine Zulassung wegen grundsätzlicher Bedeutung enthalten

---

[89] Einzelheiten dazu siehe oben S. 44 f.
[90] So im Ergebnis auch BAGE 3, 46, 49 f.; *Auffarth*, NJW 1957, 484, 486; *Müller*, NJW 1955, 1740, 1742; *Weyreuther*, Rdn. 188.
[91] So für Verwaltungsakte: OVG Münster, VerwRspr. 5, 157, 161; *Wolff / Bachof*, VerwR I, § 51 V c; *Menger*, Anm. zu LVG Düsseldorf, ZBP 1952, 36.
[92] Vgl. oben § 3 A III 2 a.

ist. Sie könnte also hier zu einer Konversion kommen, falls die Umdeutung nicht der erkennbaren Absicht des judex a quo widerspricht[93]. Das ist aber nicht anzunehmen, weil die von ihm gewollte Wirkung — die Statthaftigkeit des Rechtsmittels — erhalten bleibt und durch eine Konversion nur der Zulassungsgrund geändert wird.

Ich gehe jedoch davon aus, daß die Divergenzzulassung nur dann mit der Zulassung wegen grundsätzlicher Bedeutung koinzidiert, wenn die Divergenz eine grundsätzlich bedeutsame Rechtsfolge betrifft[94]. Die Divergenzzulassung kann also eine Grundsatzzulassung enthalten, muß es aber nicht. Betrifft die Abweichung von einer divergenzunfähigen Entscheidung gleichzeitig eine grundsätzlich bedeutsame Rechtsfrage, so würde zwar eine Konversion in eine Grundsatzzulassung nicht der erkennbaren Absicht des judex a quo widersprechen. Jedoch spricht gegen eine Konversion der Zweck des Instituts richterlicher Rechtsmittelzulassung. Der judex ad quem müßte bei wirkungsloser Divergenzzulassung prüfen, ob die für die Divergenzzulassung irrelevante Abweichung gleichzeitig eine grundsätzlich bedeutsame Rechtsfrage im Sinne der Zulassungsvorschriften betrifft. Das erfordert aber eine Einarbeitung in den konkreten Streitstoff und eine zusätzliche Arbeitsbelastung für den judex ad quem, die durch das Institut richterlicher Rechtsmittelzulassung gerade vermieden werden soll. Es läuft auf das System der Zulässigkeitsrechtsmittel hinaus, wenn das Rechtsmittelgericht das Vorliegen der gesetzlichen Zulassungsvoraussetzungen in concreto selbst prüft und bejahendenfalls das Rechtsmittel in der Sache entscheidet. Aus diesen Gründen halte ich eine Konversion hier für unzulässig.

3. Die übrigen Zulassungsgründe

Für die übrigen Zulassungsgründe[95] kann nichts anderes gelten als für die Zulassung wegen grundsätzlicher Bedeutung oder Divergenz. Auch bei ihnen berühren also Interpretations- oder Subsumtionsfehler die Wirksamkeit der Zulassung nicht.

III. Wirkungslosigkeit gesetzloser Zulassungen

Rechtsprechung und Schrifttum gehen überwiegend von der Wirkungslosigkeit gesetzloser Rechtsmittelzulassungen aus[96]. Gesetzlose Zu-

---

[93] Entsprechend dem Erfordernis bei direkter Anwendung von § 140 BGB, daß das umgedeutete Rechtsgeschäft dem hypothetischen Willen der Partei entsprechen muß, vgl. dazu *Soergel / Siebert / Hefermehl*, 10. Aufl. 1967, § 140 BGB, Rdn. 6.
[94] Dazu im einzelnen oben § 3 A III 2 a.
[95] Siehe oben § 3 A III 4.
[96] BGHZ 2, 396, 400; BGH LM Nr. 9 zu § 546 ZPO; RAGE 3, 320, 322; RAG,

§ 5. Die einzelnen Zulassungsfehler und ihre Folgen

lassungen liegen dann vor, wenn sie aus anderen als den im Gesetz genannten Gründen ausgesprochen werden, etwa wegen der wirtschaftlichen Bedeutung des Rechtsstreits[97] oder wegen des entsprechenden Wunsches der Beteiligten[98]. Gesetzlos ist auch die Revisionszulassung eines Landesarbeitsgerichts, die nur deshalb ausgesprochen wird, weil das Arbeitsgericht durch falsche, aber unabänderliche Streitwertfestsetzung einer Partei ohne ihr Verschulden die Streitwertrevision genommen hat[99]. Begründet wird die Wirkungslosigkeit gesetzloser Zulassungen in der Regel damit, daß der judex a quo die Grenzen seiner Zulassungsbefugnis überschritten habe und somit außerhalb der ihm vom Gesetz eingeräumten Ermächtigung tätig geworden sei[100].

Auch beim Verwaltungsakt ist umstritten, ob dessen Gesetzlosigkeit Nichtigkeit zur Folge hat[101]. Die Problematik liegt bei den Rechtsmittelzulassungen jedoch etwas anders, weil die Folgen gesetzloser Verwaltungsakte vornehmlich unter dem Gesichtspunkt des Rechtsschutzes erörtert werden[102]. Für die Wirkungslosigkeit von Rechtsmittelzulassungen sind Art und Schwere ihrer Fehlerhaftigkeit entscheidend. Die Zulassung aus den genannten Gründen ist vergleichbar mit der Zulassung wegen Divergenz von einer divergenzunfähigen Entscheidung, denn auch sie hat keine gesetzliche Grundlage[103]. Hier wie dort ist die Zulassung generell rechtswidrig, d. h. diese Divergenz bzw. dieser Zulassungsgrund rechtfertigt den Zulassungsausspruch in keinem denkbaren Falle. Was Schwere und Evidenz des Fehlers betreffen, so ist die Gesetzlosigkeit für den judex ad quem an Hand der Begründung der Zulassung — denn nur dadurch wird die Gesetzlosigkeit nach außen überhaupt sichtbar — ohne weiteres feststellbar. Sie erfordert daher keine Einarbeitung in den konkreten Rechtsstreit und bedeutet keine zusätzliche Arbeitsbelastung. Auch der Prozeßpartei wird durch die Begründung die Gesetzlosigkeit der Zulassung erkennbar.

Aus diesen Gründen halte ich gesetzlose Rechtsmittelzulassungen mit der herrschenden Lehre für wirkungslos.

JW 1929, 3103 f.; *Auffarth*, NJW 1957, 484, 486; *Bentzien*, NJW 1959, 1214; *Haueisen*, SozGerbkt. 1955, 1, 2; *Müller*, NJW 1955, 1740, 1742; *Ule*, § 132 VwGO, Anm. II 3; einschränkend jetzt BVerwG, NJW 1973, 1518.

[97] *Haueisen*, SozGerbkt. 1955, 1, 2.
[98] *Becker / Riewald / Koch*, § 115 FGO, Anm. 4 (7).
[99] RAGE 3, 320, 322.
[100] RAG, JW 1929, 3103, 3104; RAGE 3, 320, 322; *Haueisen*, SozGerbkt. 1955, 1, 2; *Ule*, § 132 VwGO, Anm. II 3.
[101] Vgl. dazu OVG Münster, VerwRspr. 5, 157, 161 f.; *Bettermann*, MDR 1949, 394, 396; *Eyermann / Fröhler*, Anh. § 42 VwGO, Rdn. 12; *Heike*, (Fußn. 51), S. 92 ff.; *Ule*, Recht, Staat, Wirtschaft, Bd. III, S. 288 ff.
[102] So *Heike*, (Fußn. 51), S. 93 f.; *Ule*, S. 291 f.
[103] Siehe dazu oben § 5 II 2 b.

IV. Wirksamkeit von Zulassungen bei zulassungsunfähigen Rechtsfragen

1. Mangelnde Entscheidungserheblichkeit der Rechtsfrage

a) Nach der Rechtsprechung ist die Entscheidungserheblichkeit der Rechtsfrage(n), derentwegen die Zulassung ausgesprochen wurde, Wirksamkeitsvoraussetzung der Zulassung[104]. Hingegen ist bei den internen und externen Divergenzvorlagen nach herrschender Ansicht die Vorlage bei mangelnder Entscheidungserheblichkeit der vorgelegten Rechtsfrage(n) nicht wirkungslos[105]. Bei den Aussetzungs- und Vorlagebeschlüssen wegen konkreter Normenkontrolle bzw. -qualifikation, wo die Entscheidungserheblichkeit der vorgelegten Norm ausdrückliche Zulässigkeitsvoraussetzung ist[106], vertritt das BVerfG in ständiger Rechtsprechung die Auffassung, daß es für die Entscheidungserheblichkeit grundsätzlich auf die Ansicht des vorlegenden Gerichts ankomme[107]. Nur wenn die Rechtsauffassung des vorlegenden Gerichts offensichtlich unhaltbar, rechtsirrig oder eindeutig unrichtig ist, hält das BVerfG den Beschluß für wirkungslos[108].

Die gleichen Gründe, die eine Gleichbehandlung der Divergenzzulassung mit den übrigen Ausgleichsverfahren hinsichtlich der Folgen einer fehlerhaften Beurteilung des Begriffs der Divergenz verbieten[109], machen den Vergleich der Rechtsmittelzulassung mit den konkreten Normenkontroll- bzw. -qualifikationsbeschlüssen in bezug auf die Folgen mangelnder Entscheidungserheblichkeit unmöglich. Auch diese Vorlagebeschlüsse sind — im Gegensatz zur Rechtsmittelzulassung — nur kompetenzverschiebend und begünstigungsneutral, so daß Parteiinteressen nicht berührt werden und Vertrauensschutz nicht zu beachten ist.

b) Ist — wie dargelegt — eine Divergenzzulassung nicht deshalb wirkungslos, weil die Rechtsfrage(n), derentwegen sie ausgesprochen

---

[104] BGH LM Nr. 11 zu § 546 ZPO; BAGE 2, 26, 28; in diesem Sinne auch BGHSt 17, 21, 28.

[105] Vgl. oben S. 97.
a. A.: BGH, JZ 1952, 149, 150 (in bezug auf § 121 Abs. 2 GVG) u. *Hanack*, S. 314.

[106] Vgl. Art. 100 Abs. 1 GG; in bezug auf Art. 100 Abs. 2 GG, § 13 Nr. 12 BVerfGG: §§ 84, 80 Abs. 2 Satz 1 BVerfGG; in bezug auf Art. 126 GG; § 13 Nr. 14 BVerfGG: §§ 86 Abs. 2, 80 Abs. 2 Satz 1 BVerfGG.

[107] Seit BVerfGE 2, 181, 190 f. stdg. Rspr.; vgl. dazu auch *Brinckmann*, Das entscheidungserhebliche Gesetz, 1970, S. 154 ff.; *Maunz* in *Maunz / Dürig / Herzog*, Art. 100 GG, Rdn. 34.

[108] BVerfGE 2, 266, 271; 7, 45, 49; 10, 251, 255.

[109] Siehe dazu oben S. 99.

wurde, entscheidungsunerheblich ist (sind)[110], so kann für die übrigen Zulassungsgründe nichts anderes gelten.

Die Frage, auf wessen Ansicht es bei der Beurteilung der Entscheidungserheblichkeit ankommt — auf die des judex a quo oder des judex ad quem — ist dahin zu stellen, wer Adressat der Voraussetzung Entscheidungserheblichkeit ist[111]. Wendet diese Voraussetzung sich an den judex a quo, ist sie Zulässigkeitsvoraussetzung der Zulassung; wendet sie sich an den judex ad quem, ist sie Voraussetzung der Statthaftigkeit des Rechtsmittelverfahrens. Adressat dieser Voraussetzung kann nur der judex a quo sein. Für die Entscheidungserheblichkeit muß — ebenso wie für das Vorliegen eines Zulassungsgrundes — das System konstitutiver Zulassungsrechtsmittel zur Folge haben, daß diese Zulassungsvoraussetzung nicht dadurch zur Statthaftigkeitsvoraussetzung des Rechtsmittels gemacht wird, daß der judex ad quem ihr Vorliegen überprüft und die Zulassung bei — seiner Meinung nach — mangelnder Entscheidungserheblichkeit wirkungslos ist. Dieser Zulassungsfehler ist für den judex ad quem — ebenso wie ein mangelnder Zulassungsgrund — nur schwer erkennbar. Er kann ihn erst dann erkennen, wenn er sich in den konkreten Rechtsstreit einarbeitet, was durch die Zulassung gerade verhindert werden soll.

Kommt es also für die Beurteilung der Entscheidungserheblichkeit auf die Rechtsauffassung des judex a quo an, so ist es sinnlos, daß der judex ad quem diese Erheblichkeit überprüft, weil er möglicherweise die Rechtslage ganz anders beurteilt als der judex a quo und daher oft die Entscheidungserheblichkeit verneinen wird. Deshalb sind Rechtsmittelzulassungen auch dann wirksam, wenn die Rechtsfrage(n), derentwegen sie ausgesprochen wurden, im konkreten Fall für das Rechtsmittelgericht nicht entscheidungserheblich ist (sind).

2. Klärungsfähige Rechtsfragen

Die herrschende Meinung stellt die sich auf klärungsunfähige, d. h. irrevisible Rechtsfragen beziehenden Revisionszulassungen den Zulassungen in zulassungsunfähigen Entscheidungen gleich mit der Folge, daß auch in diesen Fällen Wirkungslosigkeit angenommen wird[112]. Diese Gleichstellung halte ich für unzutreffend. Rechtsmittelzulassungen in zulassungsunfähigen Entscheidungen und Revisionszulassungen bei klärungsunfähigen Rechtsfragen sind fehlerhafte Zulassungen von ver-

---

[110] Siehe oben S. 101.
[111] In diesem Sinne für Art. 100 GG: *Brinckmann*, (Fußn. 107), S. 156.
[112] BGH LM Nr. 32 zu § 546 ZPO; BVerwG, VerwRspr. 21, 121, 122; BSGE 10, 240, 242; *Paulus*, ZZP 71, 188, 206; *Redeker / von Oertzen*, § 132 VwGO, Rdn. 17.

schiedenem Gewicht. Während bei Zulassungen in zulassungsunfähigen Entscheidungen die Fehlerhaftigkeit sowohl von der Prozeßpartei als auch und insbesondere vom judex ad quem leicht feststellbar ist, von ihm also keine Einarbeitung in den konkreten Rechtsstreit erfordert, ist dies in bezug auf klärungsunfähige Rechtsfragen gerade nicht der Fall. Die Frage, ob eine bestimmte Rechtsfrage dem revisiblen Recht angehört oder nicht, kann für den judex ad quem sehr schwierig sein und erheblichen Arbeitsaufwand erfordern. Wenn er aber im Rahmen der Wirksamkeitsprüfung der Zulassung derart schwierige Prüfungen vornehmen muß, dann kann er auch ohne nennenswerten Mehraufwand an Arbeit die Revision in der Sache entscheiden, sie also als unbegründet abweisen, wenn die angefochtene Entscheidung tatsächlich nur irrevisibles Recht verletzt[113].

Ich meine daher, daß eine fehlerhafte Beurteilung der Revisibilität der Rechtsfrage(n), derentwegen die Zulassung ausgesprochen wurde, auf deren Wirksamkeit ohne Einfluß ist.

3. Nicht klärungsbedürftige Rechtsfragen

Revisionszulassungen sollen wirkungslos sein, wenn die auftretenden Rechtsfragen nicht klärungsbedürftig sind, da der judex ad quem hier seine Aufgabe zur Rechtsfortbildung nicht wahrnehmen könne[114]. Ich halte das für nicht gerechtfertigt. Einmal handelt es sich um keinen schweren, also für die begünstigte Prozeßpartei ohne weiteres erkennbaren Zulassungsfehler, nicht zuletzt wegen der erheblichen Unsicherheiten, die bei der näheren Umschreibung dieser Zulassungsvoraussetzung bestehen[115]. Zum anderen steht der Entlastungszweck des richterlichen Zulassungsvorbehalts der Wirksamkeit nicht entgegen. Müßte der judex ad quem im Rahmen der Wirksamkeitsprüfung die Klärungsbedürftigkeit der Rechtsfragen des Rechtsstreits überprüfen, also ob diese unklar, bestritten oder höchstrichterlich noch ungeklärt sind, dann kann er auch über das Rechtsmittel entscheiden, zumal die Entscheidung über nicht klärungsbedürftige Rechtsfragen ihm keine Schwierigkeiten bereitet und nennenswerten Zeitaufwand nicht erfordert.

---

[113] Nach h. M. ist die Revisibilität Voraussetzung der *Begründetheit* der Revision; statt aller *Stein / Jonas / Grunsky*, § 549 ZPO, Anm. I; zweifelnd: *Bettermann*, ZZP 77, 3, 30.
[114] BAGE 2, 26, 28, 30; überwiegend befaßt sich die Rspr. mit der Klärungsbedürftigkeit von Rechtsfragen bei Überprüfung der Nichtzulassung auf entspr. Beschwerde, nicht dagegen bei Überprüfung der Zulassung auf ihre Wirksamkeit; vgl. die Nachweise oben S. 53 f.; Anm. 169—172.
[115] Siehe dazu oben § 3 A IV 3.

V. Folgen unzulässiger Beschränkungen der Zulassung

1. Qualitative Beschränkungen

a) Beschränkung auf eine Rechtsfrage

Die Frage der Wirksamkeit der auf eine Rechtsfrage beschränkten Zulassung wird nicht einheitlich beantwortet. Vielmehr differenziert die Rechtsprechung danach, ob die Beschränkung eine klärungsfähige oder klärungsunfähige Rechtsfrage betrifft.

Bei Beschränkung auf eine klärungsfähige Rechtsfrage wird die Beschränkung für unbeachtlich angesehen, d. h. die Beschränkung — nicht die Zulassung (!) — ist wirkungslos[116]. Der gesamte Prozeßstoff gelangt zur Überprüfung in die Rechtsmittelinstanz, nicht nur die Rechtsfrage, derentwegen das Rechtsmittel zugelassen wurde. Mit der beschränkten Zulassung hat der judex a quo zum Ausdruck gebracht, daß er einen Zulassungsgrund hinsichtlich der zugelassenen Rechtsfrage bejaht. Liegt aber ein gesetzlicher Zulassungsgrund insoweit vor, so hätte der judex a quo den Rechtsstreit insgesamt und unbeschränkt zulassen müssen.

Welche Entscheidungskriterien für die Frage nach der Gesamtnichtigkeit oder Restgültigkeit bei teilweiser Rechtswidrigkeit rechtsanwendender Staatsakte angelegt werden müssen, ist im einzelnen umstritten[117]. Die Wirkungslosigkeit nur der unzulässigen Beschränkung entspricht der Ansicht, daß entscheidendes Kriterium nicht der Wille des erlassenden Staatsorgans sei, sondern auf das objektive Recht abgestellt werden müsse. Bei begünstigenden gebundenen Akten gelte, daß der abtrennbare rechtswidrige Teil den Akt im übrigen unberührt lasse, weil dieser rechtens ohne den rechtswidrigen Teil hätte erlassen werden müssen[118]. Auch nach dem Grundsatz der Rechtsbeständigkeit hoheitlicher Akte, nach dem die Nichtigkeit eines Hoheitsakts nur so weit reicht wie sein Mangel[119], muß hier nur die Beschränkung wirkungslos sein.

Demgegenüber soll die Zulassung insgesamt, nicht nur die Beschränkung, wirkungslos sein, wenn die Revisionszulassung auf eine klärungs-

---

[116] RAG, Bensh 11, 242, 244; 20, 209 f.; RAG, JW 1930, 670 f.; BGHZ 9, 357, 358; BGH LM Nr. 27 zu § 546 ZPO; BVerwG, JR 1956, 31, 32; BVerwG, NJW 1961, 982, 983; BSG, BVBl. 1964, 94; *Baur*, JZ 1954, 146, 147; *Müller*, Festschrift für Herschel, S. 137; *Weyreuther*, Rdn. 34; das RAG spricht zum Teil davon, daß die Beschränkung „als nicht geschrieben" anzusehen sei: RAGE 5, 193, 196; RAG, Bensh 6, 45, 47; 13, 499, 500.

[117] Vgl. in bezug auf Verwaltungsakte die Meinungsübersicht bei *Skouris*, Teilnichtigkeit von Gesetzen, 1973, S. 25 ff.

[118] *Skouris*, S. 27.

[119] *Wolff / Bachof*, VerwR I, § 51 VI.

V. Unzulässige Beschränkungen der Zulassung

unfähige Rechtsfrage beschränkt wurde, z. B. auf eine nach § 549 Abs. 1 ZPO irrevisible[120] oder nicht entscheidungskausale Rechtsfrage[121]. Das hängt damit zusammen, daß die Klärungsfähigkeit der Rechtsfrage(n), derentwegen die Revision zugelassen wurde, Zulassungsvoraussetzung ist[122], bei deren Verletzung die herrschende Meinung Wirkungslosigkeit der Zulassung annimmt[123].

Ich meine jedoch, daß hier nichts anderes gelten kann als im Falle der Beschränkung einer Zulassung auf klärungsfähige Rechtsfragen. Für die Frage Gesamtnichtigkeit oder Nichtigkeit der Beschränkung ist zwar auf das objektive Recht abzustellen. Entscheidend wäre hier also, daß der judex a quo die Zulassung auch ohne die Beschränkung wegen der Klärungsunfähigkeit der Rechtsfrage nicht aussprechen durfte, woraus die Gesamtnichtigkeit folgt. Das setzt jedoch voraus, das das Revisionsgericht die Klärungsfähigkeit überhaupt überprüfen darf. Bei der *unbeschränkten* Revisionszulassung stellt die Klärungsfähigkeit der Rechtsfrage(n), derentwegen die Zulassung erfolgt ist, ihre Wirksamkeit nicht in Frage, der judex ad quem darf also diese Zulassungsvoraussetzung nicht überprüfen[124]. Dann darf er aber bei einer auf eine Rechtsfrage *beschränkten* Zulassung ebenfalls die Klärungsfähigkeit nicht überprüfen. Die Gründe, die für die Wirksamkeit trotz Klärungsunfähigkeit bei unbeschränkter Revisionszulassung sprechen, gelten auch bei der auf eine klärungsunfähige Rechtsfrage beschränkten Zulassung.

Daher ist auch hier nur die Beschränkung wirkungslos, nicht dagegen die gesamte Zulassung. Selbstverständlich können in der Revisionsinstanz nur die klärungsfähigen = revisiblen Rechtsfragen beantwortet werden.

Dem kann nicht entgegengehalten werden, daß nur hinsichtlich der klärungsunfähigen Rechtsfrage eine Zulassung vorliegt, hinsichtlich der weiteren klärungsfähigen Rechtsfragen dagegen nicht. Auch bei der auf bestimmte klärungsfähige Rechtsfragen beschränkten Zulassung liegt eine Zulassung lediglich hinsichtlich der einen zugelassenen Rechtsfrage vor, und dennoch sind alle Rechtsfragen in der Rechtsmittelinstanz wegen der Wirkungslosigkeit der Beschränkung überprüfbar. Das kann nicht anders sein, wenn wegen einer klärungsunfähigen Rechtsfrage unter Beschränkung auf sie zugelassen wird . In beiden Fällen ist die Beschränkung unbeachtlich.

---

[120] BGH LM Nr. 32 zu § 546 ZPO.
[121] BGH LM Nr. 11 zu § 546 ZPO.
[122] Vgl. oben § 3 A IV 2.
[123] Im einzelnen siehe oben § 5 IV 2.
[124] Siehe oben § 5 IV 2.

b) *Beschränkung auf einen nicht entscheidungserheblichen Klagegrund*

Bei Beschränkung der Zulassung im Falle der Anspruchskonkurrenz auf einen nicht entscheidungserheblichen Klage(= Anspruchs)grund[125] halte ich die Zulassung insgesamt, also nicht nur die Beschränkung für wirkungslos. Der Wirksamkeit der Beschränkung steht die Schwere des Mangels entgegen. Sie würde bedeuten, daß der judex ad quem über einen Klagegrund befinden müßte, auf den es für die Entscheidung des Rechtsstreits gar nicht ankommt, also nicht einen konkreten Rechtsstreit zu entscheiden, sondern abstrakt und theoretisch Rechtsfragen zu klären hätte. Der Mangel ist für ihn auch ohne weiteres erkennbar und bedarf keines Einarbeitens in den Rechtsstreit.

Hinsichtlich der Frage Nichtigkeit der Zulassung oder Nichtigkeit nur der Beschränkung ist diese Beschränkung nicht mit der Beschränkung der Zulassung auf eine Rechtsfrage vergleichbar. Dort ist die Beschränkung unzulässig wegen der generellen Unbeschränkbarkeit der Zulassung auf eine Rechtsfrage. Der judex a quo hätte, da er einen Zulassungsgrund hinsichtlich der zugelassenen Rechtsfrage bejaht, das Rechtsmittel unbeschränkt zulassen müssen[126]. Hier dagegen ist die Zulassung zwar auf einen Klagegrund beschränkbar, nicht jedoch, wenn der zugelassene Klagegrund ohne Erheblichkeit für die Entscheidung des Rechtsstreits ist. Der judex a quo hätte hier also nicht zulassen dürfen: der zugelassene Klagegrund ist nicht entscheidungserheblich, hinsichtlich des (oder der) anderen Klagegrundes(-gründe) verneint er einen Zulassungsgrund. Die Wirkungslosigkeit der Zulassung, nicht nur der Beschränkung, folgt daraus, daß ein rechtswidriger Teil eines begünstigenden Hoheitsakts den übrigen Akt nur dann unberührt läßt, wenn er ohne den rechtswidrigen Teil hätte erlassen werden müssen[127], was hier ja gerade nicht der Fall ist. Die Wirkungslosigkeit der Beschränkung mit der Folge, daß der nicht zugelassene Klagegrund zur Überprüfung in die Rechtsmittelinstanz gelangt, wäre unzulässige Zulassung durch den judex ad quem. Daher ist hier die Zulassung, nicht nur die Beschränkung wirkungslos.

2. Folgen fehlerhafter quantitativer Beschränkung

Bei fehlerhafter quantitativer Beschränkung ist zu unterscheiden:

1. Hinsichtlich des zugelassenen Teils des Streitgegenstands liegt kein gesetzlicher Zulassungsgrund vor.

---

[125] Zur Zulässigkeit derartiger Beschränkung oben § 3 A V 1 b.
[126] Vgl. oben § 3 A V 1 a.
[127] Vgl. im einzelnen oben S. 108.

2. Der Teil, auf den sich die Zulassung bezieht, ist in Wirklichkeit kein selbständiger, abtrennbarer Teil des Streitgegenstandes, der einer quantitativ beschränkten Zulassung zugänglich ist.

a) Was den ersten Fall betrifft, so ist die Zulassung hinsichtlich des zugelassenen Teils wirksam, da fehlerhafte Auslegung oder Anwendung der gesetzlichen Zulassungsgründe die Wirksamkeit einer Zulassung nicht berühren. Hinsichtlich des übrigen Teils bzw. der übrigen Teile ist das Rechtsmittel nicht zugelassen, so daß es insoweit unstatthaft ist. Nur der zugelassene Teil darf also in der Rechtsmittelinstanz überprüft werden[128].

b) Ist der Teil, auf den die Zulassung sich bezieht, in Wirklichkeit kein selbständiger, abtrennbarer Teil des Streitgegenstands (2. Fall), so ist die Beschränkung wirkungslos. Der Teil, für den der judex a quo das Rechtsmittel zugelassen hat, ist keiner selbständigen Rechtsmittelüberprüfung zugänglich, so daß vom Rechtsmittelgericht hiermit etwas rechtlich Unmögliches verlangt wird.

Für die Frage Nichtigkeit der Zulassung oder Nichtigkeit nur der Beschränkung ist, wie erwähnt, nicht auf den Willen des judex a quo, sondern auf das objektive Recht abzustellen[129]. Da der judex a quo einen Zulassungsgrund hinsichtlich des zugelassenen Teils bejaht, dieser Teil jedoch keiner selbständigen Rechtsüberprüfung zugänglich ist, hätte er den Rechtsstreit insgesamt und unbeschränkt zulassen müssen. Wie bei der unzulässigen, auf eine Rechtsfrage beschränkten Zulassung läßt auch hier die rechtswidrige und wirkungslose Beschränkung die Zulassung im übrigen unberührt. Der gesamte Rechtsstreit ist deshalb vom judex ad quem überprüfbar.

VI. Folgen formell fehlerhafter Zulassungen

Gegenüber der Frage nach der Wirksamkeit materiell fehlerhafter Zulassungen spielt die Frage nach den Folgen formeller Zulassungsfehler eine wesentlich geringere Rolle. Das zeigt sich schon darin, daß es — soweit ersichtlich — höchstrichterliche Entscheidungen nur zu den Folgen unzulässiger Berichtigung und Ergänzung gibt.

1. Fehlerhafte Beschlußfassung und fehlerhafte Verlautbarung der Zulassung

Zulassungen, die in einem von der Entscheidung zur Hauptsache getrennten Beschluß ergehen, sind wirksam, auch wenn das Gesetz aus-

---

[128] BVerwG, NJW 1961, 982 f.
[129] Siehe im einzelnen oben S. 108.

drücklich die Zulassung in der angefochtenen Entscheidung fordert. Hierbei handelt es sich nicht um einen schwerwiegenden Fehler. Nach einigen Verfahrensordnungen ist es ohnehin eine reine Zweckmäßigkeitsfrage, ob die Zulassung in einem von der Entscheidung zur Hauptsache getrennten Beschluß ausgesprochen werden darf[130].

Wird die Zulassung nur durch den Vorsitzenden oder unter Ausschluß der an der Entscheidung zur Hauptsache beteiligten Laienrichter beschlossen, so ist sie wirksam. Den Vorschriften der §§ 551 Nr. 1, 579 Abs. 1 Nr. 1 ZPO, 338 Nr. 1 StPO, 138 Nr. 1 VwGO, 119 Nr. 1 FGO ist zu entnehmen, daß Urteile bei unvorschriftsmäßiger Besetzung des Gerichts nicht wirkungslos sind, sondern der Aufhebung durch Richterspruch bedürfen[131].

Im Falle unterbliebener Verkündung der Zulassung ist zu unterscheiden:

Wurde die Zulassung im Tenor ausgesprochen, so ist bei einer Diskrepanz zwischen dem verkündeten und dem schriftlichen Tenor die schriftliche Abfassung entscheidend, so daß eine wirksame Zulassung vorliegt.

Wurde die Zulassung in den Entscheidungsgründen ausgesprochen, und waren diese gemäß §§ 60 Abs. 2 ArbGG, 132 Abs. 2 Satz 2 SGG ihrem wesentlichen Inhalt nach zu verkünden, so gilt:

Unterblieb die Bekanntgabe der wesentlichen Entscheidungsgründe ganz, so ist die Zulassung wirksam ausgesprochen. Nur die Bekanntgabe der Urteilsformel ist prozessual wesentlich, die Nichtbekanntgabe der Begründung dagegen ohne Folgen[132].

Unterblieb bei Bekanntgabe der wesentlichen Gründe nur die der Zulassung, so ist sie wiederum wirksam, weil stets die schriftlichen Gründe maßgebend sind[133].

Mußte dagegen die Zulassung im Tenor erfolgen, weil mit dessen Verkündung ohne den Zulassungsausspruch eine rechtskräftige Entscheidung vorliegt[134], so hat sowohl der Ausspruch in den Gründen als auch die unterbliebene Verkündung die Nichtigkeit der Zulassung zur Folge[135]. Der Eingriff in die Rechtskraft einer richterlichen Entscheidung

---

[130] Siehe oben S. 60.

[131] Dazu *Bettermann*, Gedächtnisschrift für Jellinek, S. 380; *Jauernig*, S. 28; *Jellinek*, S. 120; *Stein / Jonas / Grunsky*, Vorbem. § 578 ZPO, Anm. I 3.

[132] BAGE 2, 358, 361; *Stein / Jonas / Schumann / Leipold*, § 311 ZPO, Anm. IV; *Dietz / Nikisch*, § 60 ArbGG, Rdn. 23.

[133] BSG, NJW 1961, 1183; *Stein / Jonas / Schumann / Leipold*, § 311 ZPO, Anm. II.

[134] Siehe im einzelnen S. 62 f.

[135] Das gilt natürlich nicht im schriftlichen Verfahren.

wiegt so schwer, daß die Wirkungslosigkeit solcher Zulassungen die einzig sinnvolle Fehlerfolge ist[136].

2. Folgen unzulässiger Berichtigung und Ergänzung

a) Die Folgen unzulässiger Berichtigung werden nur für den Fall der beschlossenen, aber nicht verlautbarten Zulassung erörtert. Rechtsprechung und Schrifttum halten den Berichtigungsbeschluß für wirkungslos[137]. Der Beschluß sei — auch wenn er sich Berichtigungsbeschluß nenne — überhaupt kein Beschluß nach § 319 ZPO und habe deshalb auch keine Bindungswirkung nach jener Bestimmung. Er sei vielmehr ein ohne gesetzliche Grundlage ergangener Beschluß[138].

Auch für Berichtigungsbeschlüsse gilt, daß diese nur bei besonders schweren Mängeln wirkungslos sind[139]. Allein deren Unrichtigkeit oder Unzulässigkeit kann also nicht die Annahme der Wirkungslosigkeit rechtfertigen, so daß ein Berichtigungsbeschluß regelmäßig auch dann wirksam ist, wenn eine offenbare Unrichtigkeit im Sinne der §§ 319 ZPO etc. nicht vorliegt. Ein die Nichtigkeitsfolge rechtfertigender Umstand ist jedoch der Eingriff in die Rechtskraft der Entscheidung. Die Rechtskraft gebietet, daß Rechtsmittelzulassungen (ursprüngliche und nachträgliche) immer dann wirkungslos sind, wenn andernfalls in die Rechtskraft der Entscheidung eingegriffen würde. Aus diesem Grunde sind ja auch Zulassungen in zulassungsunfähigen Entscheidungen wirkungslos[140], sowie nicht verkündete Zulassungen bei Entscheidungen, die mit Verkündung ohne den Zulassungsausspruch sofort rechtskräftig werden[141]. Bei diesen Entscheidungen ist daher die Berichtigung um den Zulassungsausspruch wirkungslos, und zwar unabhängig davon, ob die Zulassung beschlossen wurde, ihre Verlautbarung aber fehlt, sie nur in den Entscheidungsgründen ausgesprochen wurde[142] oder ein Beschluß darüber erst nachträglich erfolgt ist. Bei den Entscheidungen, die erst nach Ablauf der Rechtsmittelfrist rechtskräftig werden[143], ist ein Berichtigungsbeschluß, der eine bereits unanfechtbare Entscheidung wieder anfechtbar machen würde, wirkungslos. Erfolgt die Berichtigung

---

[136] Vgl. auch oben § 5 I.
[137] BGHZ 20, 188, 192 f.; BGH, NJW 1958, 1917; BAG AP Nr. 2 zu § 319 ZPO; BSG, NJW 1963, 126; *Savaète*, AuR 1962, 264, 271: *Vorndran*, S. 76.
[138] So BGHZ 20, 188, 192 f.
[139] *Stein / Jonas / Schumann / Leipold*, § 319 ZPO, Anm. III 2.
[140] Vgl. oben § 5 I.
[141] Vgl. oben § 5 VI 1.
[142] So auch BAGE 9, 205, 209 mit abl. Anm. *Baumgärtel*, SAE 1960, 171 f.
[143] Vgl. die Aufzählung oben S. 62.

innerhalb der Anfechtungsfrist, so ist sie demnach wirksam, das innerhalb dieser Frist eingelegte Rechtsmittel also statthaft, denn die Berichtigung bewirkt nicht, daß eine neue Rechtsmittelfrist in Gang gesetzt wird[144].

b) Hinsichtlich der Folgen unzulässiger Ergänzung geht die Rechtsprechung von der Wirkungslosigkeit des ergänzenden Urteils aus[145]. Der judex ad quem sei befugt zu prüfen, ob das Rechtsmittel auf einem vom Gesetz angeordneten Wege zugelassen wurde[146]; wenn nicht, sei die Zulassung wirkungslos. Dies ist jedoch so generell nicht zutreffend. Ein Ergänzungsurteil als Richterspruch kann nicht bei bloßer Unrichtigkeit oder Unzulässigkeit wirkungslos sein. Vielmehr muß auch hier gelten, daß nur schwere und außergewöhnliche Mängel die Wirkungslosigkeit zur Folge haben. Das ist aber nach dem Gesagten nur bei einem Eingriff in die Rechtskraft der Fall, so daß ein Ergänzungsurteil wirksam ist, das ein Rechtsmittel gegen eine Entscheidung, die erst nach Ablauf der Rechtsmittelfrist rechtskräftig wird, zuläßt und innerhalb dieser Frist ergeht. In allen anderen Fällen dagegen ist das Ergänzungsurteil wirkungslos.

---

[144] Hingegen setzt bei nachträglicher Zulassung auf eine Nichtzulassungsbeschwerde der ihr stattgebende Beschluß die Rechtsmittelfrist in Gang: §§ 132 Abs. 5 Satz 4 VwGO, 115 Abs. 5 Satz 4 FGO; 160 a Abs. 4 Satz 5 SGG; § 339 Abs. 2 Satz 4 LAG (mit den darauf verweisenden §§ 38 Abs. 1 FeststellungsG, 39 Abs. 1 Beweissicherungs- u. FeststellungsG); §§ 23 Abs. 2 Satz 4 KriegsgefEG, 220 Abs. 3 Satz 3 BEG, 81 Abs. 2 Satz 8 DRiG, 145 Abs. 5 Satz 4 BRAO, 127 Abs. 5 Satz 4 PatentAO; §§ 34 Abs. 3 Satz 1 WehrpflG, 75 Abs. 3 Satz 1 ErsatzDG (jeweils iVm § 132 Abs. 5 Satz 4 VwGO; § 74 Abs. 5 Satz 2 GWB; §§ 45 Abs. 2 BLG, 10 Abs. 2 G über unentgeltl. Beförderung, 33 Abs. 2 2. WohngG (jeweils iVm § 131 Abs. 4 Satz 4 VwGO).

[145] BGHZ 44, 395, 396; BAGE 2, 358, 362; 3, 21, 22 f.; BAG AP Nr. 14 zu § 319 ZPO, Nr. 2 zu § 321 ZPO; BSGE 25, 202, 203 f.

[146] BGHZ 44, 396.

Literaturverzeichnis

(weiteres Schrifttum zu Einzelfragen in den jeweiligen Fußnoten)

Arndt, Adolf: Zulassung durch den judex a quo, NJW 1949, 256.

Arndt, Herbert: Gedanken zur Zulassungsrevision, in: Festgabe für Bruno Heusinger, 1968, S. 239.

Auffarth, Fritz: Die Zulässigkeit der Revision nach der Rechtsprechung des Bundesarbeitsgerichts, NJW 1957, 484.

Baring, Martin: Empfiehlt es sich, die Revision (Rechtsbeschwerde) zu den oberen Bundesgerichten (außer in Strafsachen) einzuschränken und ihre Zuständigkeit in den einzelnen Gerichtsbarkeiten einheitlich zu regeln? Gutachten für den 44. Deutschen Juristentag, 1962, (zit: Baring, Gutachten).

Baumbach / Lauterbach / Albers / Hartmann: Zivilprozeßordnung mit Gerichtsverfassungsgesetz und anderen Nebengesetzen, 33. Aufl. 1975.

Baur, Fritz: Die dritte Instanz im künftigen Zivilprozeß, ZZP 71, 161.

— Der BGH und die „Zulassungsrevision", JZ 1954, 146.

Becker / Riewald / Koch: Reichsabgabenordnung mit Nebengesetzen, Finanzgerichtsordnung, Band III, 9. Aufl. 1968.

Bentzien, Bruno: Zulassung der Revision, insbesondere durch Berichtigungsbeschluß, NJW 1959, 1214.

Berger, H.: Die Befugnis des Bundesarbeitsgerichts, nach eigenem Ermessen die Revision zuzulassen, NJW 1954, 1188.

Bernhardt, Wolfgang: Das Zivilprozeßrecht, 3. Aufl. 1968.

Bettermann, Karl August: Die Revision wegen wesentlicher Verfahrensmängel insbesondere nach dem BVerwGG. Ein Beitrag zum allgemeinen Revisionsrecht, NJW 1954, 1305.

— Verwaltungsakt und Richterspruch, in: Gedächtnisschrift für Walter Jellinek, S. 361.

— Die Grenzen der Wirksamkeit des Bundesverwaltungsgerichts insbesondere als Revisionsgericht, DVBl. 1956, 11.

— Notwendigkeit, Möglichkeiten und Grenzen einer Angleichung der deutschen Verfahrensordnungen, ZZP 70, 161.

Blomeyer, Arwed: Zivilprozeßrecht, Erkenntnisverfahren, 1963.

Boldt: Die Streitwertrevision im arbeitsgerichtlichen Verfahren, RdA 1958, 100.

Brill, Werner: Die Zulassung der Berufung durch das Arbeitsgericht, AuR 1966, 78.

Calvelli-Adorno: Wann verstößt ein OLG durch Revisionszulassung gegen das Gesetz (§ 219 BEG)? RzW 1959, 349.

Dahns: Wann sollen Rechtsmittel zugelassen werden? RdA 1956, 288.

Danckelmann: Zulassung durch den judex a quo? NJW 1949, 256.

Dapprich, Gerhard: Zur Reform des Revisionsrechts, JR 1960, 401.

Denecke, Johannes: Die Zulassung der Revision, RdA 1956, 327.

Depenbrock, Johannes: Die revisionsrechtlichen Begriffe „grundsätzliche Bedeutung der Rechtsfrage" und „grundsätzliche Bedeutung der Rechtssache", RdA 1958, 407.

Dersch / Volkmar: Arbeitsgerichtsgesetz, 6. Aufl. 1955.

Dietz / Nikisch: Arbeitsgerichtsgesetz, 1954.

Drescher, Gustav Adolf: Die Zulassung der Rechtsmittel durch das Gericht der Prozeßentscheidung, Diss. Tübingen 1946.

Duske, Klaus: Die Aufgaben der Revision, Diss. Marburg 1960.

Esser, Josef: Not und Gefahren des Revisionsrechts. Zur Problematik der „Grundsatzrevision" in Zivilsachen, JZ 1962, 513.

Eyermann / Fröhler: Verwaltungsgerichtsordnung, 6. Aufl. 1974.

Feyock, Hans: Die Zulassung der Revision durch das Oberlandesgericht, Diss. München 1954.

Fögen, Hermann: Die relative Berufungs- und Revisionsfähigkeit von Urteilen und der Begriff der grundsätzlichen Bedeutung im arbeitsgerichtlichen Verfahren, in: Die Arbeitsgerichtsbarkeit, Arbeitsrechtliche Seminarvorträge, Bd. IV, 1929, S. 284.

Frey, Erich: Zur Frage der Nachprüfbarkeit von Streitwertfestsetzung und Revisionszulassung, AuR 1954, 313.

— Grundsätzliche Bedeutung, AuR 1955, 84.

Gerl: Die Zulassung der Berufung und der Revision „im Urteil" der Sozialgerichte, SozGerbkt. 1956, 307 und 342.

Gräber, Fritz: Der Verfahrensmangel in finanzgerichtlichen Revisionsverfahren, DStR 1968, 173 und 238.

Grave, Helmut: Bietet das verwaltungsgerichtliche Revisionsverfahren ausreichende Rechtsgarantien? VerwArch. 1973, 51.

Grunsky, Wolfgang: Beschränkungen bei der Einlegung eines Rechtsmittels und bei der Aufhebung des angefochtenen Urteils, ZZP 84, 129.

Hanack, Ernst-Walter: Der Ausgleich divergierender Entscheidungen in der oberen Gerichtsbarkeit, 1962.

Hastler, Hanns: Zur Frage der Zulassung von Rechtsmitteln im Verfahren der Sozialgerichtsbarkeit, Die Sozialgerichtsbarkeit 1955, 257.

Haueisen, Fritz: Die Entscheidung über die Zulassung der Revision im sozialgerichtlichen Verfahren, Die Sozialgerichtsbarkeit 1955, 1.

— Die Zulassung der Revision nach § 132 Abs. 2 Ziffer 3 VwGO, NJW 1960, 2134.

Herschel, Wilhelm: Bundesarbeitsgericht und Rechtseinheit, BArbBl. 1955, 365.

— Das richterliche Ermessen bei relativer Berufungs-, Revisions- und Beschwerdefähigkeit, RdA 1956, 41.

Heusinger, Bruno: Überlastung der Zivilsenate des Bundesgerichtshofes und Mittel zur Abhilfe, ZZP 76, 321.

von Hippel, Ernst: Untersuchungen zum Problem des fehlerhaften Staatsakts, 2. Aufl. 1960.

Holtgrave, Walter: Zur Reform des Zivilprozeßrechts, ZZP 86, 1.

Imboden, Max: Der nichtige Staatsakt, Zürich 1944.

Jauernig, Othmar: Das fehlerhafte Zivilurteil, Frankfurt/Main 1958.

Jellinek, Walter: Der fehlerhafte Staatsakt und seine Wirkungen, Tübingen 1908.

Johannsen, Kurt: Empfiehlt es sich, die Revision (Rechtsbeschwerde) zu den oberen Bundesgerichten einzuschränken und ihre Zulässigkeit in den einzelnen Gerichtsbarkeiten einheitlich zu regeln? (Notwendigkeit und Vorschläge für die Einschränkung der Revision zum Bundesgericht), DRiZ 1962, 302.

Klinger, Hans: Verwaltungsgerichtsordnung, 2. Aufl. 1964.

Koehler, Alexander: Verwaltungsgerichtsordnung, 1960.

König: Besonderheiten der Revision und der Rechtsbeschwerde im arbeitsgerichtlichen Verfahren, MDR 1956, 129.

Kraemer, Wilhelm: Das Revisionsverfahren in Zivilsachen nach dem Rechtsvereinheitlichungsgesetz, ZZP 64, 131.

Kuchinke, Kurt: Grenzen der Nachprüfbarkeit tatrichterlicher Würdigung und Feststellungen in der Revisionsinstanz. Ein Beitrag zum Problem von Rechts- und Tatfrage, 1964.

Kühn / Kutter: Abgabenordnung, Finanzgerichtsordnung, 10. Aufl. 1970.

Lent / Jauernig: Zivilprozeßrecht, 17. Aufl. 1974.

Maetzel, Wolf Bogumil: Offene Fragen zum Revisionszulassungsverfahren nach der VwGO, MDR 1961, 453.

— Filter für das Revisionsverfahren, DVBl. 1969, 347.

Mellwitz, Arthur: Sozialgerichtsgesetz, 1956.

Menkens, Heinz: Nochmals: Die Zulassung der Berufung durch das Arbeitsgericht, AuR 1966, 174.

Miebach, Klaus: Der Gemeinsame Senat der obersten Gerichtshöfe des Bundes, 1971.

Möhring, Philipp: Der Gesetzentwurf zur Änderung des Rechts der Revision in Zivilsachen und in Verfahren vor Gerichten der Verwaltungs- und Finanzgerichtsbarkeit, JZ 1972, 268.

Müller, Gerhard: Die grundsätzliche Bedeutung der Rechtssache — Ein Beitrag zum Rechtsmittelwesen des Arbeitsgerichtsverfahrens, Festschrift für Herschel, S. 159.

Müller, Hanswerner: Die Revisionszulassung im Verwaltungsstreitverfahren, NJW 1955, 1740.

— Nach welcher Rechtslage ist der Rechtsmittelzulassungsgrund der Grundsätzlichkeit zu beurteilen? NJW 1959, 277.

— Abweichen von einer Entscheidung, NJW 1963, 2060.

von Oertzen, Hans Joachim: Zur Zulassung der Verfahrensrevision nach der VwGO, DVBl. 1961, 22.

Paulus, Gotthard: Die Beschränkungen der Revisionszulässigkeit, ZZP 71, 188.

Peters / Sautter / Wolff: Kommentar zur Sozialgerichtsbarkeit, 4. Aufl.

Pohle, Rudolf: Empfiehlt es sich, die Revision (Rechtsbeschwerde) zu den oberen Bundesgerichten (außer in Strafsachen) einzuschränken und ihre Zuständigkeit in den einzelnen Gerichtsbarkeiten einheitlich zu regeln? Gutachten für den 44. Deutschen Juristentag, 1962 (zit.: Pohle, Gutachten).

Pritsch, Erich: Rechtsmittelzulassung und Entlastung des Revisionsgerichts, NJW 1949, 403.

Redeker / von Oertzen: Verwaltungsgerichtsordnung, 4. Aufl. 1971.

Reuß, Hermann: Revision und Nichtzulassungsbeschwerde zum Bundesverwaltungsgericht, DVBl. 1957, 293.

— Zur Neuordnung des Revisionsrechts, insbesondere im verwaltungsgerichtlichen Verfahren, DÖV 1959, 10.

Rönitz, Dieter: Die Zulässigkeit der Revision nach der Finanzgerichtsordnung, BB 1968, 624 u. 662.

Rohwer-Kahlmann, Harry: Kommentar zum Sozialgerichtsgesetz, 4. Aufl.

Romeiß, Helmut: Die Rechtsmittelzulassung durch den judex a quo, insbesondere im Deutschen Arbeitsgerichtsgesetz, Diss. Jena 1932.

Rosenberg / Schwab: Zivilprozeßrecht, 11. Aufl. 1974.

Sauer, Gisbert: Verlust der Revision trotz Zulassung? BB 1969, 1119.

Savaète, Eugen: Die Rechtsmittelzulassung im arbeitsgerichtlichen Verfahren, AuR 1962, 264.

Schneider, Herbert: Die Revision in nichtvermögensrechtlichen Streitigkeiten, ZZP 65, 468.

Schönke / Kuchinke: Zivilprozeßrecht, 9. Aufl. 1969.

Schröder, Georg: Zur Statthaftigkeit der Revision in der Arbeitsgerichtsbarkeit, DÖV 1962, 567.

Schröder-Printzen, Günther: Kann das Rechtsmittelgericht überprüfen, ob das Untergericht das Rechtsmittel zu Unrecht nicht zugelassen hat? (§§ 150 Ziff. 1, 162 Abs. 1 SGG), ZfS 1954, 45.

Schunck / De Clerck: Verwaltungsgerichtsordnung, 2. Aufl. 1967.

Schwinge, Erich: Grundlagen des Revisionsrechts, 2. Aufl. 1960.

Sinthaus, Bodo: Zur Frage der Zulassung des Rechtsmittels (§§ 150 Ziff. 1, 162 Abs. 1 SGG, 546 Abs. 2 ZPO), ZfS 1954, 62.

Stein / Jonas: Kommentar zur Zivilprozeßordnung, 19. Aufl. 1968, bearbeitet von Grunsky, Leipold, Münzberg, Schlosser, Schumann.

Teske, Tilo: Die Revision wegen verfahrensrechtlicher Verstöße, Diss. Marburg 1962.

Thiele, Willi: Die „offensichtlich entgegen dem Gesetz" zugelassene Revision, AuR 1956, 47.

Literaturverzeichnis

Thomas / Putzo: Zivilprozeßordnung mit Gerichtsverfassungsgesetz und den Einführungsgesetzen, 8. Aufl. 1975.

Uffhausen, Horst: Das Revisionsverfahren nach der VwGO, DÖV 1960, 205.

Ule, Carl Hermann: Verwaltungsgerichtsbarkeit, 2. Aufl. 1962.

Vorndran, Franz: Die Beschränkung der Revision zu den oberen Bundesgerichten mit Ausnahme des Strafprozeßrechts, Diss. Freiburg 1957.

Weyreuther, Felix: Revisionszulassung und Nichtzulassungsbeschwerde in der Rechtsprechung der obersten Bundesgerichte, NJW-Schriftenreihe, Heft 14, 1971.

Wieczorek, Bernhard: Zivilprozeßordnung mit Nebengesetzen, 1957.

— Um die Einschränkung der Revisionen, JR 1962, 282.

Wilde, Werner: Fragen der Revision nach dem Sozialgerichtsgesetz, NJW 1955, 1659.

Wurzer, Gustav: Nichturteil und nichtiges Urteil, Breslau 1927.

Ziemer / Birkholz: Finanzgerichtsordnung, 2. Aufl. 1970.

Zöller, Richard: Zivilprozeßordnung, 10. Aufl. 1968, bearbeitet von Degenhart, Karch, Scherübl, Stephan.

Bericht der Kommission zur Vorbereitung einer Reform der Zivilgerichtsbarkeit, 1961. Herausgegeben vom Bundesjustizministerium (zit.: Kommissionsbericht).

Printed by Libri Plureos GmbH
in Hamburg, Germany